JN125853

最新版

必ず売れる！

生産財営業の法則100

船井総合研究所
ものづくり経営研究会 著

同文舘出版

まえがき

本書は、生産財を扱う営業担当、あるいは営業マネージャーを対象に書かれた本です。営業担当の仕事は「価格競争を回避すること」であり、成功のポイントは「人から好かれること」です。さらに、「新規開拓」をこなせてこそ一人前の営業担当であり、消費財営業であっても生産財営業であっても、この基本は変わることはありません。本書でも、そうした営業の原理原則はしっかりと押さえてあります。

しかし、消費財営業と比較すると、生産財営業は特殊性や複雑性が高いのも事実です。たとえば一般消費者であれば、商品を選定する人と購入する人はほとんどの場合、同一人物です。それに対して、生産財の営業対象となる工場の場合は、生産財の選定を行う人、購入する人、さらに実際に使用する人が別々、というケースが一般的な姿です。

つまり、生産財営業で成果を上げるためには、生産財という商品やその取引における特性を押さえておかなければ成功は望めません。

次に、本書では生産財の定義を、「主に工場で生産用途に使用される設備・機器・用品」としています。広い意味では、企業で使われるコンピュータシステムやソフトウェア等も生産財ととらえることができるでしょう。

これに対して、鉄・非鉄・樹脂・重油等、何らかの製品の原料そのものとなるような商品のことを「主資材」と言います。また、モーターやベアリング等、他の製品に組み込まれることを目的につくられた商品のことを「中間財」と言います。

「主資材」や「中間財」は繰り返し購入されることが多く、商取引が継続的かつ安定的に行われるケースが多いと言えます。それに対して、「生産財」はスポット的な購入であることが多く、営業の立場で考えると常に新規開拓を欠かすことができません。

また多くの場合、生産財の仕様は顧客によって大きく異なることから、その種類は天文学的な数に及びます。生産財メーカーやそれを扱う商社も、超大手企業から零細企業まで広く存在しており、その競争は非常に厳しいものがあります。

では、そうした厳しい競争に勝ち残るポイントが何かと言うと、それはズバリ「営業力」と言えるでしょう。なぜなら、生産財営業のポイントが決して「価格」ではないからです。もし商売のポイントが「価格」ということになるなら、市場は寡占化が進み、理論上、零細企業や中小企業は生き残れなくなります。

しかし、現実はそうではありません。超大手の製品よりも中小生産財メーカーの製品のほうが競争力を持っている場合が多々あります。また、数人で商売を行っている零細の生産財商社が、総合商社系列の生産財商社に商談で勝つといったことが、現実のビジネスの世界では起きているのです。

つまり、生産財ビジネスにおける勝利のポイントは、会社の規模や価格ではなく、商品選定技術や提案力に代表される「営業力」なのです。

船井総合研究所では、長年にわたり生産財業界に対してのコンサルティングを行ってきました。消費財ビジネスがマス・マーケティング主体の「空中戦」中心であるのに対し、生産財ビジネスは明らかに営業主体の「地上戦」を中心に考えていかなければなりません。つまり、経営コンサルタントとして戦略提案やマーケティング提案をするだけでは不十分であり、それを具体的な営業ツールや営業研修といった形に落とし込まなければ、思うような効果を上げることはできないのです。

そうしたコンサルティングや営業研修を行うにあたって、当社が作成した数多くの資料やテキストが本書の叩き台となっています。市販の営業関連の書籍は消費財ビジネス中心であり、生産財ビジネスにそのまま適用できる内容のものがきわめて少ないのが実情です。そうしたことが、本書を書くきっかけとなりました。

我々は常々、生産財の業界というのはすばらしい業界であると考えています。なぜなら、営業力しだい、つまり努力しだいでは小が大に勝てる実力主義の業界だからです。

もう一度繰り返しますが、生産財ビジネスにおける成功のポイントは「営業力」です。「営業力」とは価格競争を回避する力のことです。そして、この「営業力」は生まれつきの才能ではなく、努力しだいでだれでも後天的に身につけることができるスキルなのです。

ぜひ本書をご一読いただき、「営業力」をアップさせていただきたいと思います。そして、本書が皆様の生産財ビジネスにおける成功の一助となることを、心より願っております。

2023年8月

株式会社船井総合研究所　ものづくり経営研究会

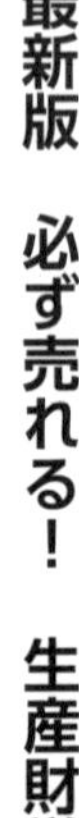

最新版　必ず売れる！　生産財営業の法則100◎もくじ

1章 生産財と生産財営業の基本を知ろう
——目指すのは商品の特徴を押さえた営業活動

2章 営業担当としての心構えを身につけよう
——どんな営業でもカギとなるポイント

Contents

3章 「ターゲティング」は基本中の基本
——「狙いを定める」活動が成果に大きな差をつける

Contents

4章 「継続訪問」は売上をつくる最大のポイント

——"関係の薄い"お客にいかに有効な訪問ができるか

5章 営業力アップにつながる「新規開拓」

——顧客の補充にとどまらず、既存顧客も活性化する

Contents

Contents

カバーデザイン・本文ＤＴＰ／春日井　恵実
本文イラスト／つのだ　さとし

Contents

1章 生産財と生産財営業の基本を知ろう

——目指すのは商品の特徴を押さえた営業活動

01 「生産財」を定義すると…

◎「産業財」のひとつの類型

本書はタイトルに示すとおり、生産財を売る営業担当を対象として書かれた本です。ですから、少なくとも本書を手に取られた方は、「生産財」について漠然としたイメージはお持ちではないかと思います。しかし、具体的に「生産財の定義を説明せよ」と言われたら、少し言葉に詰まってしまうのではないでしょうか。

生産財とは、「工場において生産活動に使用されるモノ」と定義することができ、「産業財のひとつの類型」であると表現できます。この「産業財」というのは、「生産財」と混同されることが多いのですが、厳密には別に定義することができます。

まず、「産業財」とは「消費財」と相対する概念です。つまり、「消費財」は一般消費者が購入することを前提としているモノのことであり、「産業財」は法人が購入することを前提としているモノのことです。

たとえば、主婦がトマトを夕食のおかずとして購入すれば、それは「消費財」と定義することができます。しかし食品メーカーがケチャップの原料として購入すれば、同じトマトであっても、それは「産業財」と定義されます。このように、同じ商品であっても用途が異なれば、違う「カテゴリー」に分類されることになります。

◎姿を変えずに生産手段として使われるモノ

また、さらにこの「産業財」は用途によって、「主資材」「中間財」「生産財」と三つに類型化することができます。

「主資材」とは、それ自体ではとくに機能しない原料のことを指し、たとえば、鉄やプラスチックなどがこれにあたります。

「中間財」とは、それ自体で機能する要素ですが、他の製品に組み込まれていく要素のことを指します。たとえば、モーターやベアリングなどがこれにあたります。

それに対して「生産財」とは、それ自体が生産手段として活用され、他の製品に姿を変えない産業財のことを指します。たとえば、工作機械や切削工具などがこれにあたります。

◆生産財の位置づけ◆

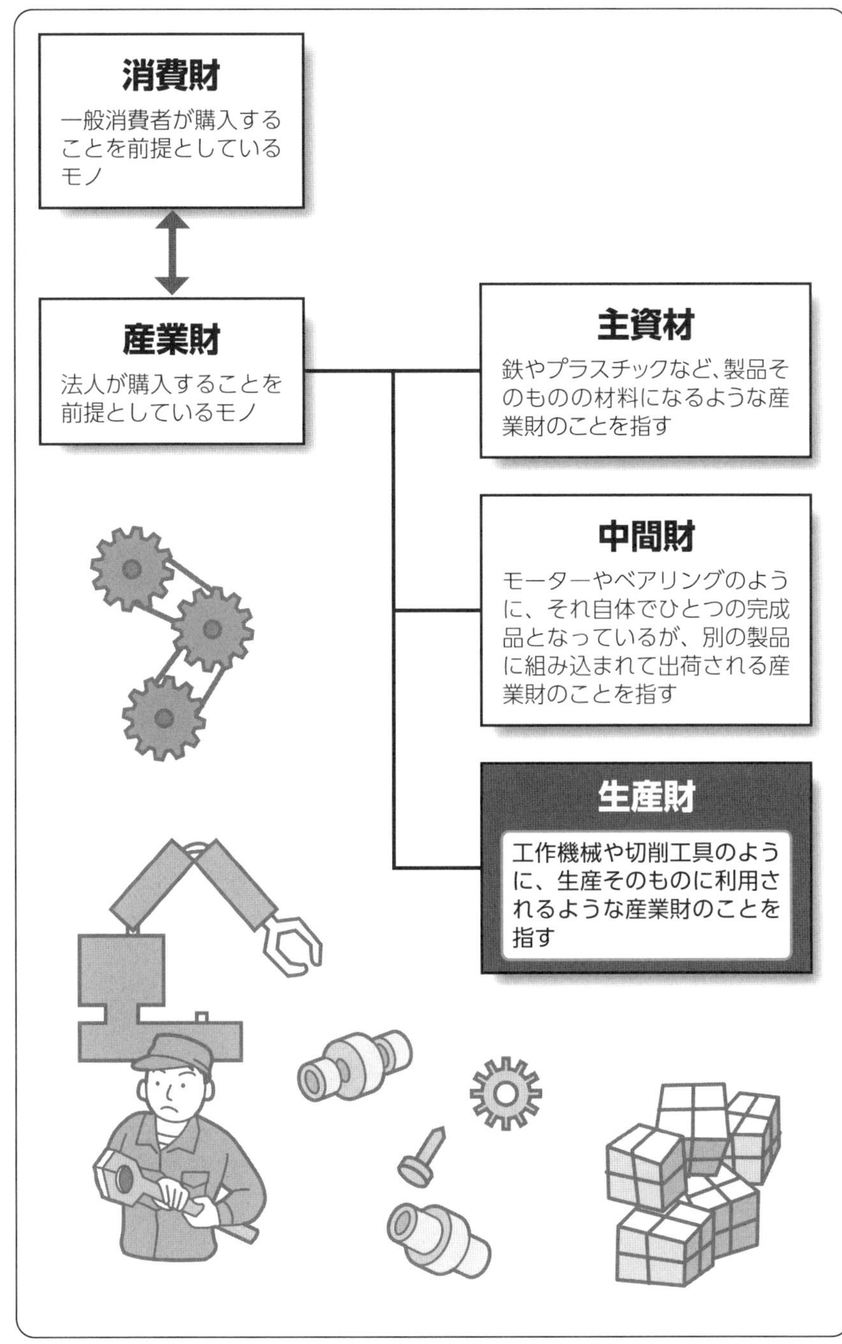
消費財
一般消費者が購入することを前提としているモノ
産業財
法人が購入することを前提としているモノ
主資材
鉄やプラスチックなど、製品そのものの材料になるような産業財のことを指す
中間財
モーターやベアリングのように、それ自体でひとつの完成品となっているが、別の製品に組み込まれて出荷される産業財のことを指す
生産財
工作機械や切削工具のように、生産そのものに利用されるような産業財のことを指す

02 商品カテゴリーの違いは

前項で述べた商品の「カテゴリー」について、機械工具業界の例を左に示しました。詳しくは後述しますが、生産財はさらに「資本財」「ＭＲＯ」に分けることができます。この商品カテゴリーですが、たとえば食品業界であれば、主資材の中には米や小麦などの食品、食料が、生産財の中には業務用炊飯器や業務用パン焼き機などが入ってくるでしょう。

◎商品カテゴリーによる商売のやり方の違いは

「主資材」というのは原材料のことですから、ユーザーの購入量も多く、ボリュームのある商売になります。また、一度採用が決定されると安定的に商品が流れます。

「中間財」の場合は、たとえば量産製品である自動車に組み込まれるベアリングなどの場合は、主資材と同様にユーザーの購入量も多く、ボリュームがあり、安定的な商売になります。しかし、たとえば世の中に1台しか存在しないような実験装置に組み込まれるモーターなどの場合は、ユーザーの購入量は少なく、商売としては不安定な傾向があります。

生産財の場合は、主資材と比較すると、ユーザーの1回当たりの購入量が少なく、かつ多品種の商品が求められます。その結果、商品アイテム数も膨大なものになり、機械工具業界だけでも数百万点から数千万点の商品アイテムが存在するものと思われます。商品単価も数億円から数円まで、まさに千差万別なのです。

◎生産財と他の産業財の営業スタイルは近い

本書は生産財営業が対象ですが、たとえば主資材の営業や中間財の営業と大きく異なるところはありません。また産業財も、広義の意味では生産財として扱われることもあります。なぜなら使用用途によって、同じベアリングでも中間財になったり生産財になったりするからです（車に組み込まれるベアリングは中間財だが、現場設備のメンテ用ベアリングは生産財）。

そのため、主資材や中間財の営業スタイルも、かなりの部分が生産財の営業スタイルと同じですので、厳密な商品カテゴリーの定義を気にせず、本書を読み進めていただければと思います。

◆商品カテゴリーの例◆

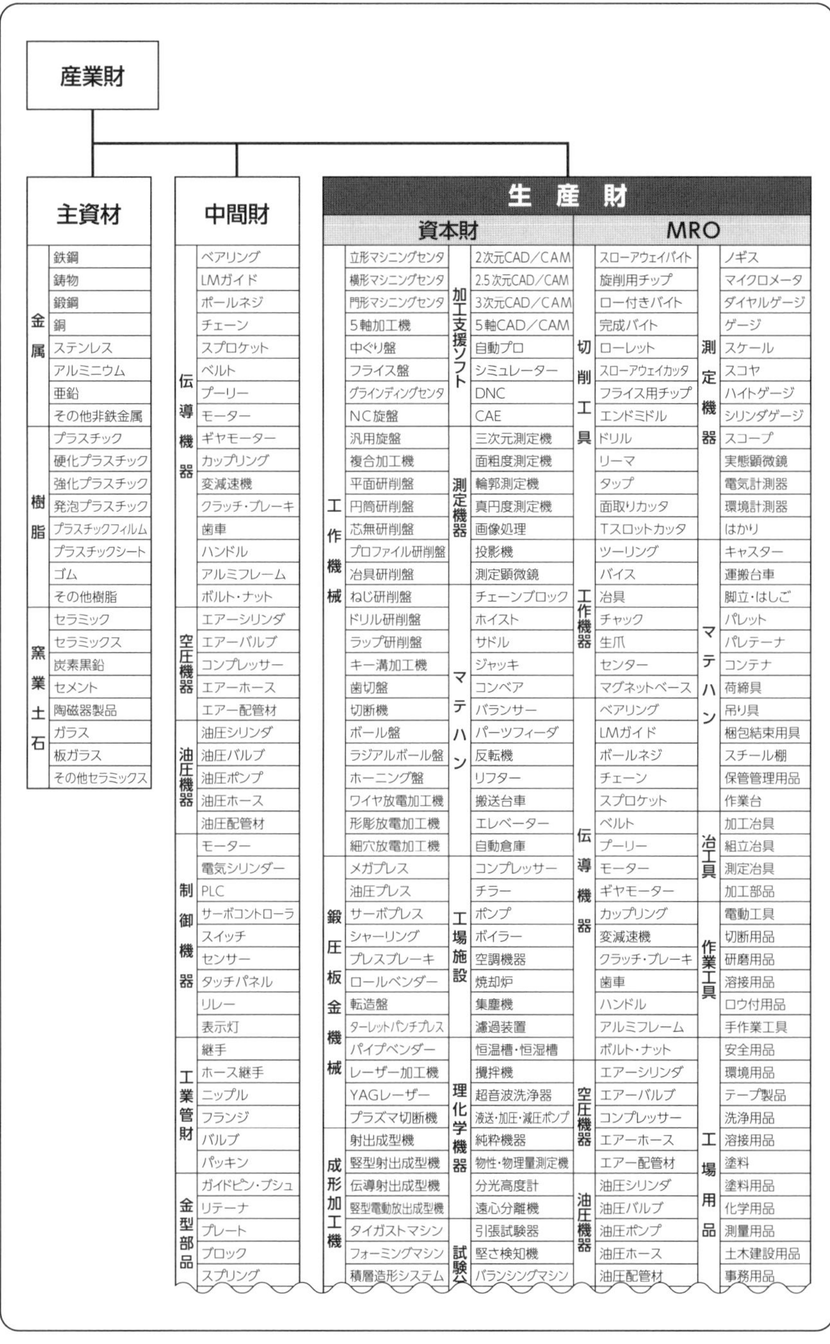

- 産業財
  - 主資材
    - 金属: 鉄鋼 / 鋳物 / 鍛鋼 / 銅 / ステンレス / アルミニウム / 亜鉛 / その他非鉄金属
    - 樹脂: プラスチック / 硬化プラスチック / 強化プラスチック / 発泡プラスチック / プラスチックフィルム / プラスチックシート / ゴム / その他樹脂
    - 窯業土石: セラミック / セラミックス / 炭素黒鉛 / セメント / 陶磁器製品 / ガラス / 板ガラス / その他セラミックス
  - 中間財
    - 伝導機器: ベアリング / LMガイド / ボールネジ / チェーン / スプロケット / ベルト / プーリー / モーター / ギヤモーター / カップリング / 変減速機 / クラッチ・ブレーキ / 歯車 / ハンドル / アルミフレーム / ボルト・ナット
    - 空圧機器: エアーシリンダ / エアーバルブ / コンプレッサー / エアーホース / エアー配管材
    - 油圧機器: 油圧シリンダ / 油圧バルブ / 油圧ポンプ / 油圧ホース / 油圧配管材
    - 制御機器: モーター / 電気シリンダー / PLC / サーボコントローラ / スイッチ / センサー / タッチパネル / リレー / 表示灯
    - 工業管財: 継手 / ホース継手 / ニップル / フランジ / バルブ / パッキン
    - 金型部品: ガイドピン・ブシュ / リテーナ / プレート / ブロック / スプリング
  - 生 産 財
    - 資本財
      - 工作機械: 立形マシニングセンタ / 横形マシニングセンタ / 門形マシニングセンタ / 5軸加工機 / 中ぐり盤 / フライス盤 / グラインディングセンタ / NC旋盤 / 汎用旋盤 / 複合加工機 / 平面研削盤 / 円筒研削盤 / 芯無研削盤 / プロファイル研削盤 / 冶具研削盤 / ねじ研削盤 / ドリル研削盤 / ラップ研削盤 / キー溝加工機 / 歯切盤 / 切断機 / ボール盤 / ラジアルボール盤 / ホーニング盤 / ワイヤ放電加工機 / 形彫放電加工機 / 細穴放電加工機
      - 鍛圧板金機械: メガプレス / 油圧プレス / サーボプレス / シャーリング / プレスブレーキ / ロールベンダー / 転造盤 / ターレットパンチプレス / パイプベンダー / レーザー加工機 / YAGレーザー / プラズマ切断機
      - 成形加工機: 射出成型機 / 竪型射出成型機 / 伝導射出成型機 / 竪型電動放出成型機 / タイガストマシン / フォーミングマシン / 積層造形システム
      - 加工支援ソフト: 2次元CAD/CAM / 2.5次元CAD/CAM / 3次元CAD/CAM / 5軸CAD/CAM / 自動プロ / シミュレーター / DNC / CAE
      - 測定機器: 三次元測定機 / 面粗度測定機 / 輪郭測定機 / 真円度測定機 / 画像処理 / 投影機 / 測定顕微鏡
      - マテハン: チェーンブロック / ホイスト / サドル / ジャッキ / コンベア / バランサー / パーツフィーダ / 反転機 / リフター / 搬送台車 / エレベーター / 自動倉庫
      - 工場施設: コンプレッサー / チラー / ポンプ / ボイラー / 空調機器 / 焼却炉 / 集塵機 / 濾過装置
      - 理化学機器: 恒温槽・恒湿槽 / 攪拌機 / 超音波洗浄器 / 液送・加圧・減圧ポンプ / 純粋機器 / 物性・物理量測定機 / 分光高度計 / 遠心分離機
      - 試験: 引張試験器 / 堅さ検知機 / バランシングマシン
    - MRO
      - 切削工具: スローアウェイバイト / 旋削用チップ / ロー付きバイト / 完成バイト / ローレット / スローアウェイカッタ / フライス用チップ / エンドミドル / ドリル / リーマ / タップ / 面取りカッタ / Tスロットカッタ
      - 工作機器: ツーリング / バイス / 冶具 / チャック / 生爪 / センター / マグネットベース
      - 伝導機器: ベアリング / LMガイド / ボールネジ / チェーン / スプロケット / ベルト / プーリー / モーター / ギヤモーター / カップリング / 変減速機 / クラッチ・ブレーキ / 歯車 / ハンドル / アルミフレーム / ボルト・ナット
      - 空圧機器: エアーシリンダ / エアーバルブ / コンプレッサー / エアーホース / エアー配管材
      - 油圧機器: 油圧シリンダ / 油圧バルブ / 油圧ポンプ / 油圧ホース / 油圧配管材
      - 測定機器: ノギス / マイクロメータ / ダイヤルゲージ / ゲージ / スケール / スコヤ / ハイトゲージ / シリンダゲージ / スコープ / 実態顕微鏡 / 電気計測器 / 環境計測器 / はかり
      - マテハン: キャスター / 運搬台車 / 脚立・はしご / パレット / パレテーナ / コンテナ / 荷締具 / 吊り具 / 梱包結束用具 / スチール棚 / 保管管理用品 / 作業台
      - 冶工具: 加工冶具 / 組立冶具 / 測定冶具 / 加工部品
      - 作業工具: 電動工具 / 切断用品 / 研磨用品 / 溶接用品 / ロウ付用品 / 手作業工具
      - 工場用品: 安全用品 / 環境用品 / テープ製品 / 洗浄用品 / 溶接用品 / 塗料 / 塗料用品 / 化学用品 / 測量用品 / 土木建設用品 / 事務用品

03 生産財はさらに「資本財」と「MRO」に分かれる

◎資本財とMROの違いは

さて、先述のとおり、生産財はさらに「資本財」と「MRO」とに分けることができます。以下に、資本財とMROの違いについて述べます。

「資本財」とは、生産財の中でも、工場内で「資産」として扱われる商品のことを指します。代表的なものとして、工作機械、3次元測定機、自動倉庫等を挙げることができます。

単価が高く、購買頻度が低く、継続的ではなく、スポット的な取引が中心となります。また、購入にあたり稟議書などが必要なケースが多く、購買プロセスに多くの人が関与します。

「MRO」とは、メンテナンス　リペアー　オペレーションズ（Maintenance, Repair and Operations）の略です。これは、工場内で「消耗品」として扱われる商品を指します。代表的なものとして切削工具、ベアリング、バルブ、継手等を挙げることができます。

単価が低く、購買頻度が高く、継続的な取引が中心となります。購入は生産現場に任されるケースが多く、担当者の判断で購買されることが多いと言えます。

◎資本財は高額なので、売込みにはひと工夫が必要

このMROという言葉は、近年よく使われるようになりました。MROは「間接副資材」と訳されることもあり、資本財も含めて、生産財全体のことを指して使われる場合もあります。

しかし実際のビジネスの現場において、高額商品である工作機械や自動倉庫のことをMROと呼ぶことはありません。このような実態を踏まえれば、MROと資本財は分けて考えるべきでしょう。

MROは消耗品とはいえ、販売にあたり技術的なアドバイスが必要な商品は数多くあります。切削工具などはその代表例と言えます。

資本財もMROも営業手法としては、共通している部分がほとんどです。しかし、資本財は高額商品となりますので、本書の「7章　高額商品を売り切る営業テクニック」を参照していただければよいでしょう。

◆産業財の３分類と生産財の２分類◆

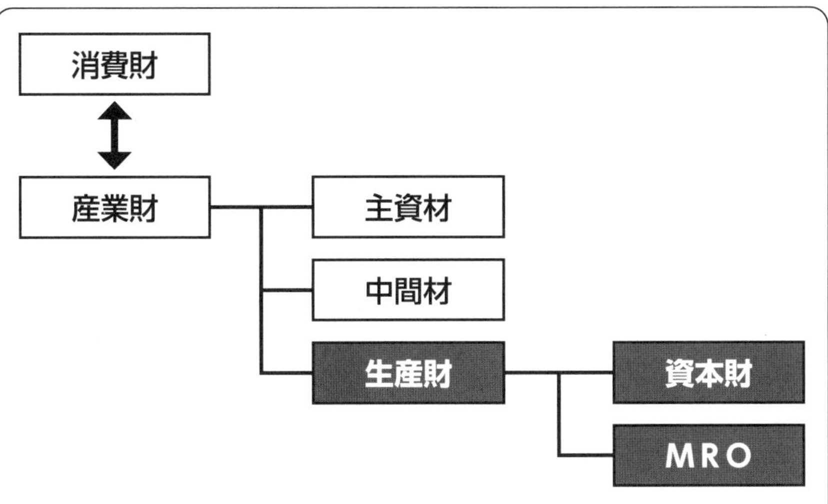

分　類	主資材	中間財	生産財	
			資本財	MRO
購買パターン	計画的 ←			→ 突発的
購入量	大　量 ←			→ 少　量
品　種	少　量 ←			→ 大　量
顧客のニーズ	安定供給	ＶＥ推進	生産性向上	緊急対応
キー部署	資　材	設　計	生産技術	生産技術・保全

- ●産業財は分類の違いにより、顧客の購買パターン・購入量・品種・ニーズが異なり、営業として攻めるべきキー部署も異なる
- ●顧客のニーズを「コスト」としてとらえてはならない。価格競争を防ぐのが営業の仕事であり、そのためには「コスト」以外のニーズに目を向けなければならない
- ●“ＶＥ”とは、バリュー・エンジニアリングの略語であり、設計段階からの最適化のこと

ユーザーの構造を押さえよう

◎ユーザーにはさまざまな機能部門がある

では、生産財営業の対象となる、生産財ユーザーはどのような構造になっているのでしょうか。

生産財ユーザーとは、すなわち「工場」ということになります。そこには「研究開発」「設計」「生産技術」「設備開発」「生産管理」「製造」「購買」「品質管理」「保全」「物流」等のさまざまな機能部門が存在します。

これ以外にもISO関連の部門や環境関連の部門、また業界特有の部門が設置されている場合もありますが、製造業としての基本的な機能部門はこんなところです。

これら各機能部門は兼務されることもあります。たとえば、「生産技術」と「設備開発」が兼務されていることもあるし、さらに「保全」も兼務されていることもあります。会社の規模が小さければ小さいほど機能部門は兼務されており、中小零細企業の工場になると「製造」しかない場合もあります。

◎ユーザーの構造を知って効果的な営業活動を

このような、ユーザーの構造を知ることは非常に大切です。なぜなら商品によって、販売対象となる機能部門が異なるからです。工作機械のような生産設備であれば「生産技術」をまず狙うべきだし、3次元測定機のような検査装置であれば「品質管理」を狙うべきでしょう。

しかし先述のとおり、こうした機能部門の名称は会社によって異なるし、兼務されていることもあります。たとえば、「設備管理課」という名称だから「保全部門」と思っていたら、実は生産技術部門を兼務していることもあるのです。また、「生産技術」とは名ばかりで、実際の生産ライン企画は「製造部門」が行っている会社もあります。

このように、まずは自分の取り扱う商品の主なターゲットがどの機能部門になるのか、またユーザーごとに、どこの部署がどんな機能部門を担っているのかを把握しなければなりません。また、「購買部門」の力が強い会社なのか、「製造部門」や「生産技術部門」のような現場サイドの力が強い会社なのか、ということも押さえなければ、効果的な営業活動は行えないでしょう。

◆工場の主な部門とその内容◆

工場の主な部門	機能内容	一般的な部門名
研究開発部門	新製品の開発や基礎研究を行う部門	研究開発課／部 Ｒ＆Ｄ課／部
設計部門	製品の設計を行う部門	設計課／部 技術課／部
生産技術部門	製品の量産にあたり、工法開発・生産ライン企画を行う。また、既存生産ライン改善・合理化の企画を行う部門	生産技術課／部 製造技術課／部 技術課／部
設備開発部門	生産に使う社内設備の開発・内製を行う部門	工機課／部 設備課／部 技術課／部
生産管理部門	生産計画の立案、工程管理（納期管理）、原価管理を行う部門	生産管理課／部 工程管理課／部
製造部門	製品の生産を行う部門	製造課／部 生産課／部
購買部門	原材料や社内設備の価格決定・購買を行う部門	購買課／部 資材課／部 調達課／部
品質管理部門	製品の測定検査や品質管理を行う部門	品質管理課／部 品質保証課／部
保全部門	社内設備のメンテナンス・保全を行う部門	保全課／部 設備管理課／部
物流部門	製品の保管・出荷や原材料の入荷・保管等の物流管理を行う部門	物流課／部 ロジスティクス課／部

05 流通構造の特性を知る

◎商品の特性に応じて販売ルートを選ぶ

こうした生産財ですが、「暗黒大陸」とも言われるほど複雑な流通構造を採っており、部外者からすると非常にわかりにくいもののようです。

生産財の流通構造の概要を左に示しますが、大きく「商社経由販売」と「直接販売」の二つに分けることができます。さらに「商社経由販売」は、「卸商社経由販売」と「直需商社経由販売」に分けることができます。

これら各ルートのうち、どのルートを選択するべきかは、商品の特性に応じて判断します。たとえば汎用工作機械のように、中小工場に対して薄く広く流通させたいのであれば、全国区卸商社経由が望ましいでしょう。逆にユーザーがある程度限定されるのであれば直需商社経由、自社に十分な体力があれば直販がよいでしょう。

このように、どのルートを選択して販売するかは、いわゆるマーケティング戦略になります。価格設定や定価の有無も、直販の場合と商社経由販売の場合では変えなければなりません。本書はあくまで営業論なので、マーケティング論については軽く触れるにとどめますが、生産財のマーケティングに関心のある方は、著者までお問合せいただければと思います。

◎生産財営業の基本は「問題解決」型の活動

いずれにしても、生産財の営業担当として、こうした業界の流通構造全体の概要は知っておくべきです。また実際問題として、営業対象は商社であったりエンドユーザーであったり、さまざまなのではないでしょうか。本書はどちらかと言うと、エンドユーザーへの営業を前提として書いています。商社への営業の場合は「ディーラーヘルプ」と言って、エンドユーザーはもちろんのこと、その商社にもメリットを訴求する営業スタイルが求められます。

しかし生産財営業の基本は、後述する「問題解決型営業」というスタイルを採り、お客のメリットを訴求して価格競争を回避していくことに変わりはありません。次項から、具体的に生産財における営業活動について入っていきたいと思います。

◆生産財の流通構造◆

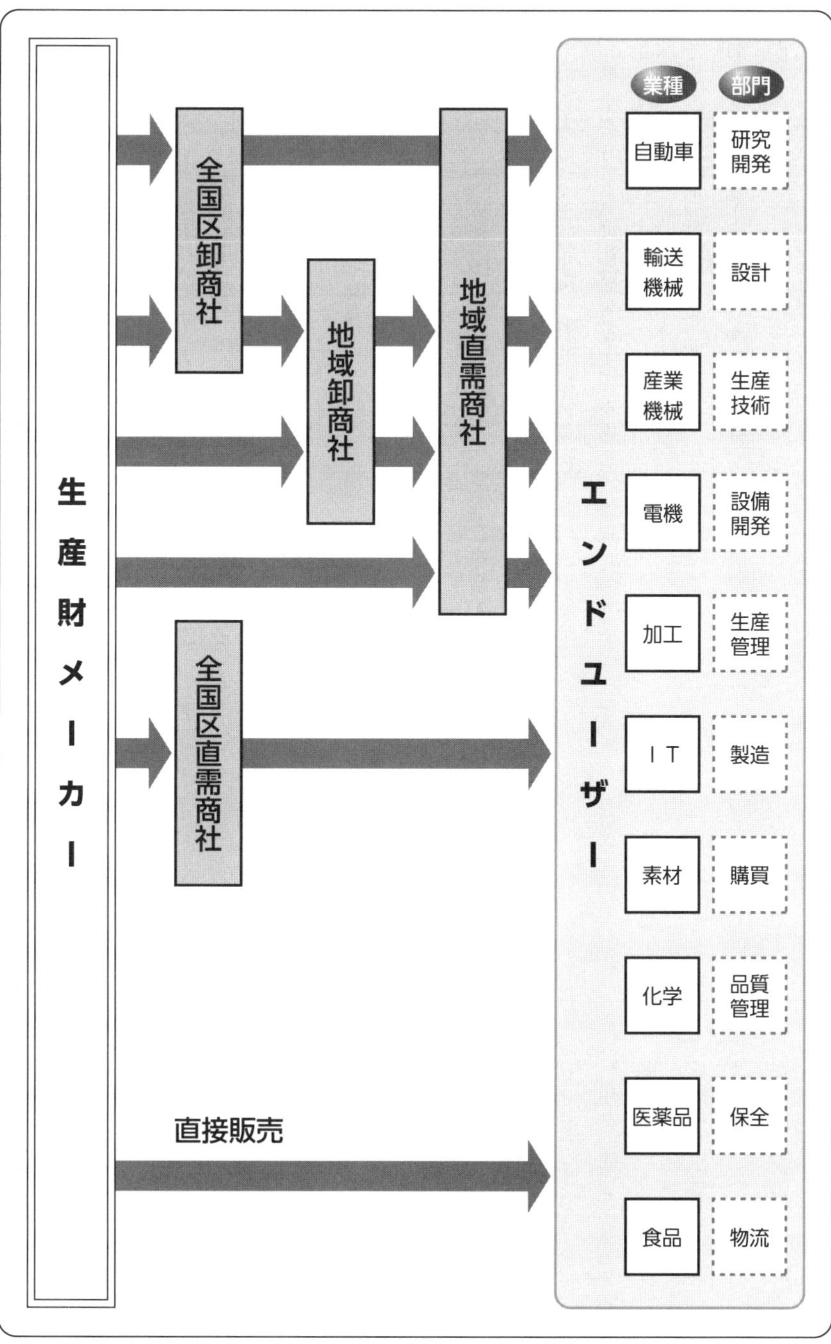
生産財メーカー
全国区卸商社
地域卸商社
地域直需商社
全国区直需商社
直接販売
エンドユーザー
業種
部門
自動車
研究開発
輸送機械
設計
産業機械
生産技術
電機
設備開発
加工
生産管理
IT
製造
素材
購買
化学
品質管理
医薬品
保全
食品
物流

06 消費者向け営業との違いはどんなことか

◎営業ノウハウや求められることが異なる

ここまで、生産財の定義とそのユーザーの構造、流通の実態について触れてきましたが、それでは生産財営業と消費者向け営業との違いについて述べたいと思います。世間には、営業に関するテクニック本やノウハウ本が数多く売られています。しかし、それらのほとんどが住宅の販売や車の販売など、〝一般消費者〟を営業対象としたものです。

それに対して生産財営業というのは、〝企業〟やその他の〝営利・非営利団体〟、すなわち〝法人〟を販売対象とする営業スタイルです。おそらく、本書を手に取られている方は、こうした一般的な営業担当向けの本を読み、多少なりとも違和感を覚えて本書を読まれているのではないでしょうか。

では、「一般消費者向け営業」と「生産財営業」で営業のテクニックや求められることも違ってくるのでしょうか？

両者とも、「モノを売る」という基本的なところは変わりません。たとえば「人に好かれることが営業の鉄則」といった基本的なことは変わらないでしょう。しかし「一般消費者向け営業」と「生産財営業」では、どちらがむずかしいということではなく、営業のテクニックやノウハウ、あるいは求められることが大きく異なります。

◎〝違い〟の中に成果を上げるポイントがある

「一般消費者向け営業」と「生産財営業」の違いを挙げると、大きく次の三つのことが言えます。

(1) お客が原価を気にする
(2) 購入に複数の人が関与する
(3) 与信管理が必要

もちろん、これら以外にも違いを挙げることができますが、これら三つのポイントは、生産財営業の基本的な非常に大切なところなのです。まずはこれら三つのポイントをしっかり押さえれば、生産財営業で成果を上げるためのポイントが見えてくるはずです。

次の7〜9項で、これら三つのポイントについて詳しく述べていきます。

◆営業対象が違えば営業内容も違ってくる◆

一般消費者向け営業と生産財営業の違い

一般消費者向け営業

一般消費者、すなわち「個人」を対象とした営業象

生産財営業

「法人」、すなわち企業・団体等を対象とした営業

- ●営業はその販売対象により、大きく二つに分けて考える必要がある。すなわち「個人」を販売対象とする「一般消費者向け営業」と、「法人」を対象とする「生産財営業」
- ●「モノを売る」という行為の基本的なところは変わらないが、やはり「一般消費者向け営業」と、「生産財営業」はその性質が異なる

生産財営業に見る一般消費者向け営業との三つの違い

1　お客が原価を気にする

個人相手であれば、お客は自分の「予算」を気にして買い物をする。しかし法人の場合、お客はその商品の「原価」を気にする

2　購入に複数の人が関与する

個人相手であれば、購入の選定と決定を同一人物が行うことが前提。しかし法人は、購入の選定と決定を別の人間が行うことが前提

3　与信管理が必要

個人相手であれば、代引き・現金回収・スポット取引が前提。しかし法人の場合は、掛売り・手形回収・長期取引が前提

07 生産財営業の特徴(1)――「お客が原価を気にする」

◎お客は「購買のプロ」なので価格にうるさい

生産財営業の特徴として一番に挙げることができるのは、「お客が原価を気にする」ということです。

一般消費者向け営業の場合、お客は「予算」を前提に購入を検討しますから、お客の「予算」をつかみ、多少予算を超えていても「お値打ち感」を訴求できれば購入してもらえます。あるいは予算を超えていたとしても、各種ローンやボーナス払い等をうまく提案することにより、それをクリアすることもできるでしょう。

しかし生産財営業の場合、お客は「購買のプロ」です。一般的な工場の場合、「資材」「購買」「調達」と呼ばれる部署が購買を担当していますが、彼らはできる限り安価に購入しようとします。安価に購入しようとする過程において、その商品がどれくらいのコストでつくられたのか「原価」を気にするのです。そこで、競合各社から「相見積り」を取り、見積書の各項目を細かくチェックしてネゴ（＝価格交渉）をかけてくるのです。

もちろん「予算」もありますが、それは投資採算計算に基づいたものであり、「予算」そのものが、購入する生産財の「原価」を想定しています。つまり、生産財営業が対象とするお客は、個人のお客よりも価格にうるさいのです。

◎「付加価値」で「価格競争の回避」を図る

一般消費者相手の営業にせよ、生産財営業にせよ、「価格競争の回避」を行うことが営業の鉄則です。しかし生産財営業の場合には、お客に「原価」を気にさせない「何か」がなければ「価格競争の回避」はできません。

その「何か」とは、営業担当が出していく「付加価値」ということになるのですが、その営業担当の「付加価値」を追求していくことが、生産財営業における営業スキルであるとも言い換えることができます。

本書では、この「価格競争の回避」を行う営業スタイルとして、「問題解決営業」という手法を提起しています。「問題解決営業」の進め方については5章、6章で詳しく述べていますので、そちらを参照していただきたいと思います。

付加価値
CATALOG

08 生産財営業の特徴(2)
――「購入に複数の人が関与する」

◎「キーマン」を押さえなければ成約には至らない

一般消費者向け営業の場合は、ほとんどのケースで「商品を選ぶ人」「買う人」が同一です。したがって、クロージング（商談を成約に至らせること）も比較的容易に行えます。購買に影響を与える可能性のある人がいたとしても、せいぜいそのお客さんの「奥さん」あるいは「旦那さん」または「子供」といったところでしょう。

ところが法人営業の場合には、「商品を選ぶ人」「購入を決定する人」が異なるのはもちろん、「価格を決める人」、さらに「商品を選ぶのに影響を与える人」など、複数の関係者がその商品の購買に関与します。

そうした関係者の中で、最も購買に影響を与える人物、つまり「この人は外せない」というような人物のことを「キーマン」と言います。生産財営業の場合は、このキーマンにアプローチができていなければ、いくら情報が取れていても成約には至りません。

たとえば、キーマンであることの要素のひとつとして、「決裁権」を挙げることができます。ここで言う「決裁権」とは、その商品を「買う」と決めることができる権限のことを指します。「決裁権」を持っていない人から出される引合いに、いくら一所懸命対応したとしても、それは労多くして実りが少ないケースが大半です。

◎バランスのよいコンタクトも必要

しかし、当人に決裁権がなかったとしても、決裁権を持った人物に影響を与えられるポジションであれば、その人物も重視しなければなりません。つまり、誰がキーマンで、誰がキーマンでないというのも、一概には決められないケースも多いのです。

また、その人がキーマンだからといって、特定の人だけにこれ見よがしにアプローチをしても、周囲の反感を買ってマイナスになるでしょう。とくに相手が大手企業の場合、担当者が替わることは頻繁にあるわけです。

つまり、誰が最も購入決定に力を及ぼすキーマンなのかをしっかりと押さえ、その周囲の購買に影響を与える人に対してもバランスよくコンタクトを取る、というスキルが生産財営業には求められるのです。

◆関与する人間が増えると…◆

個人購入の場合

法人購入の場合

…その結果、「法人営業」の場合、複数の購買関係者とバランスを取りながらコンタクトを取る必要がある。さらにその複数の関係者の中で、最も購入決定に力を及ぼす人物（=キーマン）を探し出すスキルが必要

09 生産財営業の特徴(3)──「与信管理が必要」

◎「代金未回収」のリスクが大きい

個人が相手の商売であれば、取引条件は基本的に「代引き（代金引換渡し）」だし、「現金払い」であることが原則です。最近はカードでの支払いが一般的ですが、この場合も売り手に貸し倒れリスクはありません。

ところが、法人の場合は基本的に「掛売り」だし、「手形払い」や「期日指定払い」など、現金が手元に入るまでにタイムラグが生じるケースが一般的です。つまり「代金未回収」のリスクを常に抱えながら商売することになりますから、「与信管理」が必要になってくるのです。しかも生産財の場合は、取引金額が高額になることも多々ありますから、なおさらです。

「与信管理」というのは、相手、すなわちお客に対してどの程度の信用を与えられるのか規定することを言います。具体的には、①このお客にいくらまでなら売ってよいのか？　②このお客の手形（期日指定払い）を受け取れるのか？　③手形サイトの長さはどこまで大丈夫なのか？　といったことを考えるということです。

◎「代金回収」のためのスキルがより求められる

当然のことながら、与信面で問題があると思われる顧客には、回収条件を手形から現金に変更する、あるいは手形サイトを短縮する交渉を行う必要があります。

そして、その会社への売上を徐々に落としていかなければなりません。あるいは、その会社との取引を打ち切ることも考えなければなりません。

「与信管理」を行うためには、「財務諸表（貸借対照表・損益計算書）」の要所を読みこなすスキル、世間の風評からその会社の与信リスクを見極めるスキル、さらにその会社の「おかしな空気」を読み取る直感力が必要です。こうした「危ない会社」の見分け方、与信管理の知識については8章で詳しく述べていきます。

営業担当の仕事は「売って終わり」ではありません。言い古された言葉ではありますが、「お金（売掛金）を回収する」ところまでが営業担当の仕事なのです。生産財営業については、とくにこのことを肝に銘じておかなければならないのです。

◆代金未回収のリスクを避けるために…◆

個人購入の場合

お支払いは現金でよろしいですか？それともカードになさいますか？
じゃあ、カードで！ボーナス払いにしてください！
うちは納入検収後、20日締めの翌月20日払い120日期日指定払いです
営業担当
¥800万円
タンス
¥30万円
お客
素人

法人購入の場合

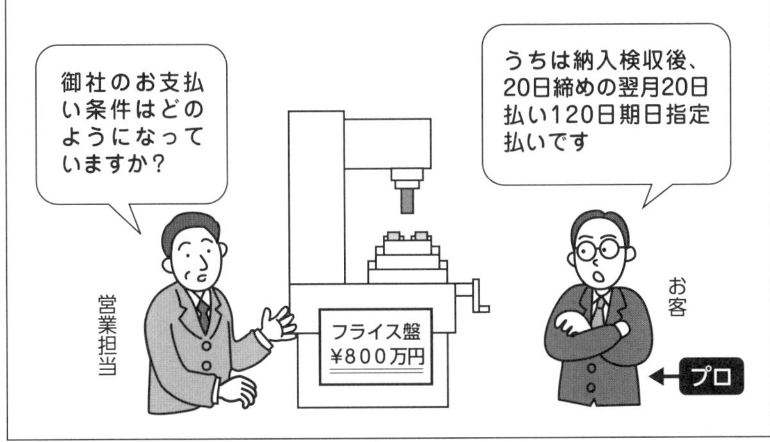

…その結果、「法人営業」の場合、代金未回収のリスクを常に抱えることになる。ですから単に売るだけでなく、相手に支払い能力があるのか、倒産のリスクはないかどうかを見極める与信管理スキルが必要になる

10 生産財営業担当のあるべき姿とは

◎「価格競争を回避する」という大きな命題

いかがでしょうか。一般消費者向け営業と生産財営業との大きな違いを三つ述べてきました。この三つの違いだけをとらえても、生産財営業というのはむずかしい仕事、言い換えれば奥が深く、やりがいがあるすばらしい仕事と言えるでしょう。

では、生産財を売る、生産財営業担当としてのあるべき姿とはどのようなものなのでしょうか。まず、一般消費者向け営業と生産財営業との違いのひとつ目に述べましたが、生産財営業のお客は原価を気にします。そこで生産財営業担当に求められるのは、「価格競争を回避する」ということです。お客が価格にうるさいからこそ、それを回避するための方策が営業担当にも求められるのです。

このように、「価格競争を回避する」営業スタイルを、本書では「問題解決営業」と位置づけ、詳しく述べていくことにします。

◎「守り」の営業は「攻め」の営業に負ける

「問題解決営業」は、お客のニーズが何なのか仮説を立て、情報発信を行ってお客が抱えるニーズを顕在化し、それを解決するというプロセスであり、まさに「攻め」の営業スタイルです。逆に、お客から言われるとおりに、受身で引合い対応のみ行うスタイルを「御用聞き営業」と言い、これは「守り」の営業スタイルです。

生産財営業というのは基本的にルートセールスですから、引き継いだ担当先がよければ、「守り」の営業をしていてもしばらくは数字も上がります。しかし「守り」の営業、すなわち「御用聞き営業」のスタイルでは価格競争に巻き込まれ、ジリジリと売上を落としていくことになります。「守り」の営業というのは、必ず「攻め」の営業に負けます。また、従来の「御用聞き営業」というスタイルでは、今後はカタログ販売、ネット販売に置き換わっていくかもしれません。

生産財営業担当は、「問題解決営業」という、「価格競争を回避」する「攻め」の営業を展開していかなければならないのです。

◆価格競争を避けるために「問題解決営業」が求められる◆

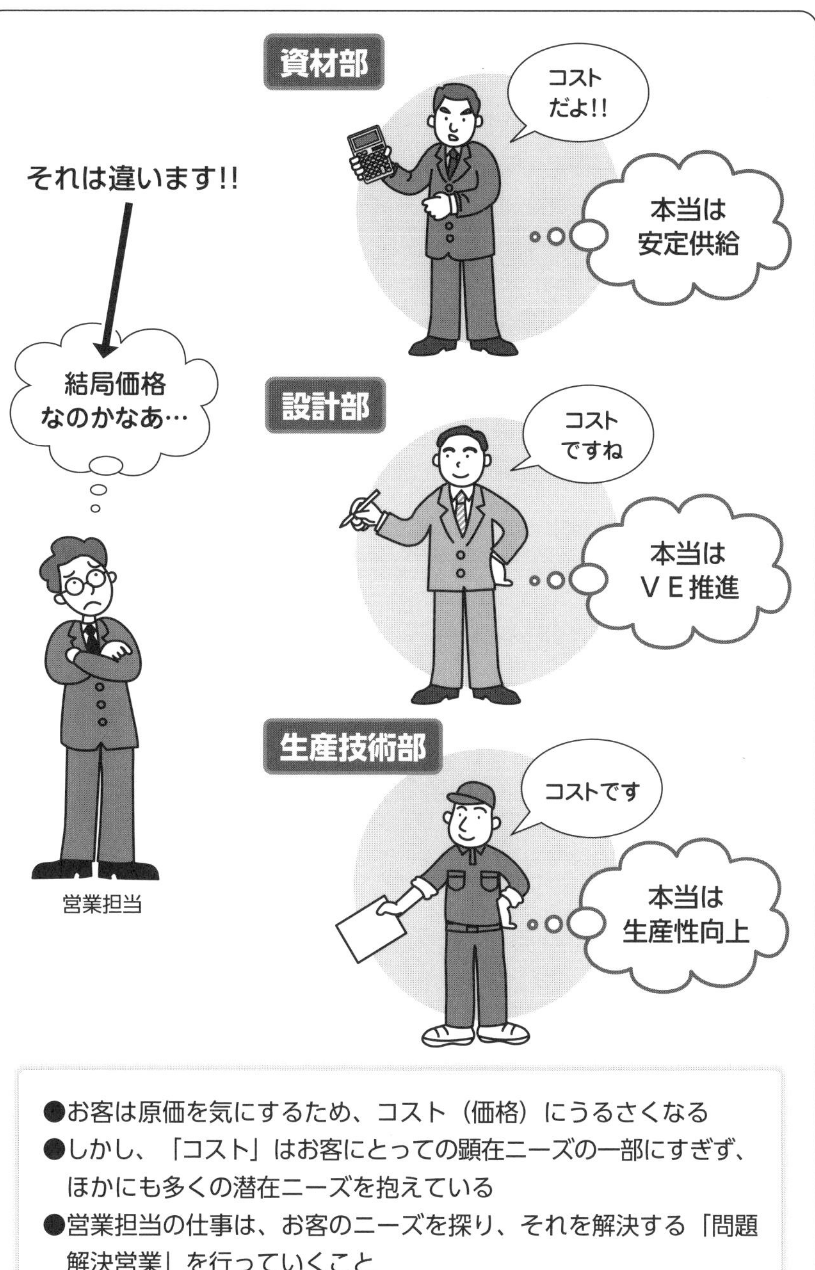

●お客は原価を気にするため、コスト（価格）にうるさくなる
●しかし、「コスト」はお客にとっての顕在ニーズの一部にすぎず、ほかにも多くの潜在ニーズを抱えている
●営業担当の仕事は、お客のニーズを探り、それを解決する「問題解決営業」を行っていくこと

11　「営業の鉄則」を知ろう

12　営業担当は「数字が人格」と心得よ

13　重要なのは「価格競争の回避」

14　価格競争を回避する営業担当に必要なスキル

15　「人に好かれる」ためのポイントは

16　営業担当は外観にも気をつける

17　「仮説構築力」が成功のカギ

18　「説得力」を上げる方法

19　「商品知識」を身につける方法

20　不可欠なのは「問題解決力」

2章

営業担当としての心構えを身につけよう

――どんな営業でもカギとなるポイント

11 「営業の鉄則」を知ろう

◎営業担当として持つべき価値観がある

仕事でも何でもそうですが、何か物事で成功を収めるために最も大切なことは、「正しい考え方を持つ」ということです。「正しい考え方」とはいろいろな尺度がありますが、「何をもってよしとするか」というところ、いわば「価値観」と言い換えることができます。

つまり、営業担当が営業という仕事で成功を収める、すなわち成果を出していくためには、営業担当として「正しい価値観」を持たなければ、それはおぼつきません。いくら小手先の営業テクニックを覚えたところで、本質的な解決にはつながりません。「正しい価値観」を持つことこそ、営業担当としての成功の第一歩なのです。

◎「営業の鉄則」は三つある

ここでは、営業担当が持つべき価値観のことを、「営業の鉄則」と呼ぶことにします。その「営業の鉄則」としては、次の三つを挙げることができます。

(1)　営業担当は常に自責。「自責」とは、身の回りで起きたことはすべて自分の責任、という意味です。たとえば、台風が接近して新幹線が止まり、約束の時間に遅れたとします。これは台風が接近したことが悪いのではなく、そのことを予測できずに、早く移動しなかった自分が悪いのです。あるいは、工場のミスで納期遅れを出したとします。一般論としては、これは工場の責任です。しかし、営業担当であれば「工場のミスも自分のミス」ととらえて対応しなければなりません。このような考え方が「自責」です。

それに対して、何でも他人や環境のせいにしてしまう人がいます。こうした考え方のことを「他責」と言います。営業に限らず仕事というのは、「他責」では何をやってもうまくいきません。

(2)　営業担当は数字が人格である要は、「数字を上げている営業担当が偉い」と考えなければならない、ということです。

(3)　価格競争を回避する

これら営業の鉄則の二つ目、三つ目については、次項以降で詳しく解説していくことにします。

◆営業の鉄則とは、営業担当が持つべき価値観でもある◆

1 営業担当は常に自責

- 身の回りで起きたことはすべて自分の責任ととらえるのが、「自責」という考え方。これに対して、他人の責任ととらえる考え方を「他責」と言う
- 「他責」の典型的な例が、「商品が悪いから売れません」「価格が高いから売れません」といった言い訳。営業に限らず、「他責」ではビジネスで成果は出せない

2 営業担当は数字が人格

- 「数字が人格」とは、すなわち営業担当は予算必達がその使命。数字が上がっていないことへの言い訳をしてはならない。「数字が人格」とは、言い換えれば「自責」であるということ
- 「数字さえ上がれば何をしてもよい」というのは大きな間違い。それは「法律」の枠内での話であり、「法律」以前に「商道徳」を守らなければならない

3 価格競争を回避する

- 価格競争を回避するのが営業担当の仕事。価格だけですべてが決まるのなら、営業担当は要らない。カタログ通販で十分
- 価格競争を回避するために必要なのが、①人に好かれる力、②説得力、③仮説構築力、④商品知識、⑤問題解決力の五つの力。さらに、「問題解決営業」という営業スタイルを推進すること

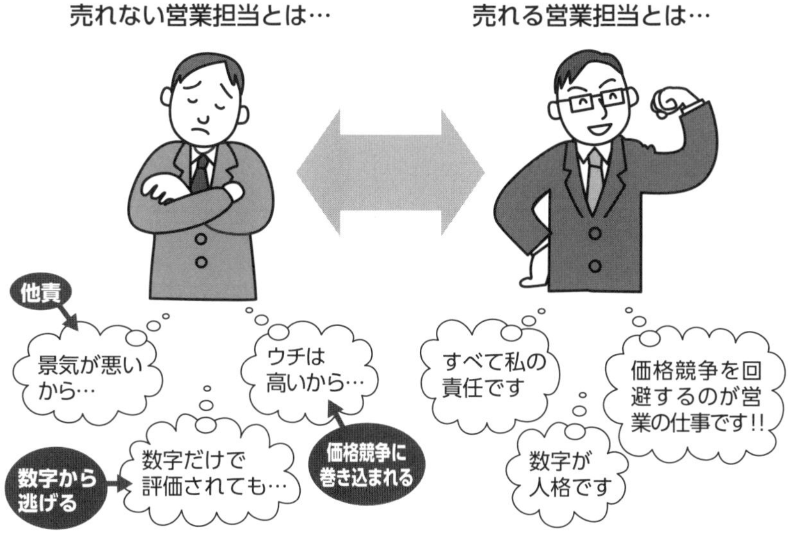

売れない営業担当とは…

他責
景気が悪いから…
ウチは高いから…
数字から逃げる
数字だけで評価されても…
価格競争に巻き込まれる

売れる営業担当とは…

すべて私の責任です
価格競争を回避するのが営業の仕事です!!
数字が人格です

12 営業担当は「数字が人格」と心得よ

◎「予算」を達成するのが営業担当の仕事

「営業担当は数字が人格」です。十分な数字を上げていない営業担当は、極端に言えば人格がないというくらいに認識しておくべきでしょう。誤解を生まないように説明すると、「人格がない＝言い訳が許されない」という意味です。

営業担当が上げるべき十分な数字とは、「予算」のことです。売れない営業担当というのは、えてして「こんなムリな予算を押し付けられて…」などと口にします。しかし、経営コンサルタントとして、数多くの会社の予算作成に携わりましたが、それは「ムリな予算」ではなく、「会社が利益を出すために必要な予算」なのです。

予算というのは、一度受けたら是が非でも達成しなければならないもの。まず、そのような認識が必要です。

◎言い訳をしはじめたらキリがない

生産財営業のようにルート営業の要素が強い場合、担当する客先によって、上げられる数字が大きく異なってきます。しかし、「自分の担当先が悪いから、数字が上げられない」という考え方は100％間違っています。

仮に担当先が小企業ばかりで、購買力に乏しいところばかりだというのであれば、その営業担当は新規開拓に力を入れなければなりません。あるいは、担当先が購買力はあるものの、強力なライバルがすでに入り込んでいるというパターンもあるでしょう。このような場合は、いかにライバルとの差別化を図り、自社のシェアを上げていくか、という考え方が必要なのです。

さらに言うと、こうした担当先の企業の差を考慮し、営業担当への評価を公平なものに近づけるために「予算」というシステムがあるはずです。

営業という仕事は、言い訳をしはじめたらキリがない職種です。だからこそ、「数字が人格である」という営業の鉄則を受け入れなければなりません。

求められる数字が上がっていないのであれば、自分の動き方のどこに問題があるのか、あるいは自分自身の何を変えなければならないのか、そのような素直で真摯に取り組む姿勢が、営業では成果につながるのです。

◆数字を上げるために何をすべきか◆

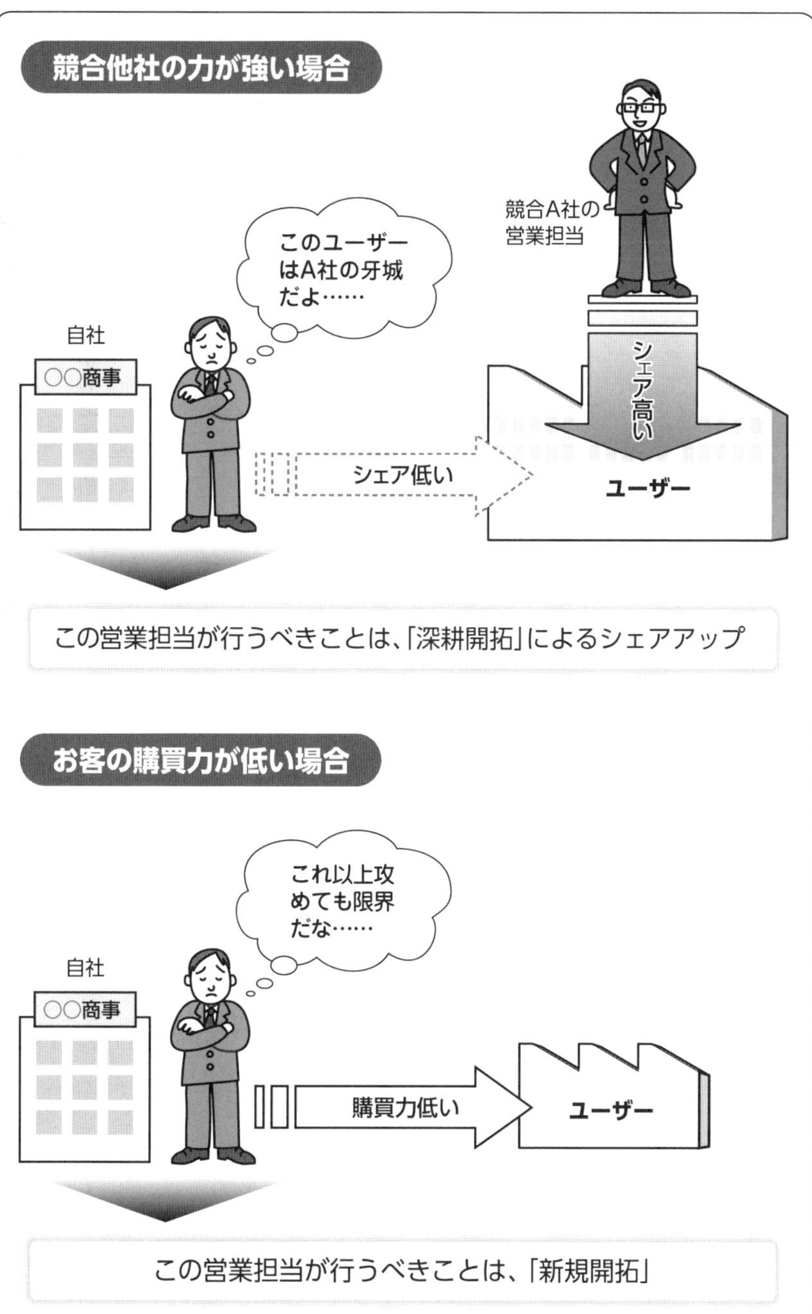
競合他社の力が強い場合
競合A社の営業担当
このユーザーはA社の牙城だよ……
自社
○○商事
シェア高い
シェア低い
ユーザー
この営業担当が行うべきことは、「深耕開拓」によるシェアアップ
お客の購買力が低い場合
これ以上攻めても限界だな……
自社
○○商事
購買力低い
ユーザー
この営業担当が行うべきことは、「新規開拓」

13 重要なのは「価格競争の回避」

◎**お客が営業担当に最も求めるのは商品知識**

商談を失注した営業担当の言い訳で、最も多いものが「価格で負けました」というものです。たしかに、「価格」というのは商売において重要な要素です。しかも、生産財営業の特性として、お客は購買のプロであり、かつ原価を気にするということがあります。

しかし、本当に価格だけで決まるような商品であれば、カタログ通信販売でもいいわけで、人間が介在するからには営業担当の「付加価値」が求められるはずです。

私が以前、ある生産財商社の顧客100社に対しアンケートを取ったところ、営業担当に求める要素として、一番目に商品知識、二番目に納期対応、三番目にコストという順番になりました。こうしたアンケートは、どこの会社で実施してもほぼ同じような結果になります。つまり、お客が営業担当に最も求めているのは、「商品知識」という「付加価値」なのです。

◎**いまはお客を選ぶことも必要な時代**

いまは技術的に飽和状態であり、製品自体で差別化を図ることが困難になってきています。だからこそ、お客は「彼なら頼れる」という基準で営業担当を選定する、すなわち商品を選定すると言っても過言ではありません。

さらに、お客は商談の断り文句として「おたくは高いから」としか言いません。内心は「他社の営業担当のほうが信用できそうだから…」と思っていたとしても、まさか「キミは商品知識もないし、あまり信用できないんだよ!」と口に出して言ったりしません。やはり、「おたくは高いから」としか言わないのです。

しかし実際問題として、お客の中には、価格でしか判断しないお客もいるでしょう。そうしたお客には、極論すると売りにいかなければいいのです。価格だけを判断基準にするお客ではなく、こちらの付加価値を認めてくれるお客を見つければいいのです。

冷静に考えてください。お客は星の数ほどいるはずです。いまの時代は、お客も選ばなければならない時代です。お客を選ぶ、というのも本来は失礼な話なのですが、そうした視点も必要なのです。

◆顧客が営業担当に求めること◆

順位	営業担当に求めること	回答の割合
1	商品知識	35％
2	納期対応	20％
3	価格対応	18％
4	アフターフォロー	14％
5	その他	13％

・船井総研調査による
・製造業100社、購買担当者300名に対するアンケート調査
・質問10項目に対する3択回答

●売れないのは価格の問題ではなく、「売り方がまずい」のか「売り先がまずい」のかどちらか

●「売り方がまずい」というのは、自分自身の「商品知識」「説得力」「人間的魅力」が足りない状態を指す。つまり、スキル不足の状態

●「売り先がまずい」とは、お客が求めているものよりもオーバースペックの商品を売り込んでいる状態、あるいは「価格しだい」のお客に振り回されている状態。こちらのケースも突き詰めればスキル不足であり、見込み商談の認識やターゲティング（3章参照）に問題がある

14 価格競争を回避する営業担当に必要なスキル

◎価格競争を回避するには五つのスキルが必要

では、そうした「価格競争を回避する」ために、営業担当にはどのようなものが求められるのでしょうか？

それは、①人に好かれる力、②商品知識、③説得力、④仮説構築力、⑤問題解決力、の五つのスキルです。

①人に好かれる力…とくに営業担当にとって、必須のスキルと言えます。営業担当だけではありません。あらゆる仕事を行ううえで、成功するために必要な要素と言えるでしょう。

②商品知識…これも営業担当には必須のスキルであることは、疑う余地がありません。前項でも、顧客が営業担当に対して最も求めるものが、この「商品知識」であることに触れました。

③説得力…これについても同様です。「説得力」を持つということは、言い換えれば自社の商品に自信を持つ、あるいは自分自身に自信を持つ、ということなのです。自信のない営業担当からモノを買いたい人はいないでしょう。

④仮説構築力…「このお客さんには、こんなニーズがあるはずだ」と見当をつける能力のことです。「訪問したこともないのにニーズなんてわかりません」と言っているようでは、営業担当は勤まりません。

⑤問題解決力…とくに生産財の売買には、さまざまなトラブルがつきものです。納期遅れ、仕様の変更、納入後のトラブル…。これらのトラブルを円滑に解決し、製造サイドとお客の間をうまく取り持つのが営業担当の仕事であり、「問題解決力」とはまさにそのような力のことなのです。

◎五つのスキルは少しの努力で身につく

これら五つの要素は、自分が買う立場に回ったときにもやはり、営業担当に求めるスキルなのではないでしょうか。これらのスキルを身につけてこそ、価格競争を回避する営業ができるのです。そして、これらのスキルは少し努力すれば誰でも身につくものなのです。

次項以降で、各項目の意味やそれらをどのように身につけていけばよいのかを説明していきたいと思います。

◆営業担当に必要な五つのスキル◆

1 人に好かれる力

●営業に限らず、ビジネスで成功するうえで必須の要素
「この人は誠意のある人だ」と思われることが必要で、そのためには、“気配り”“スピード対応”“素直さ”が求められる

●営業である以上、短時間で（つまり初回訪問の段階で）相手から好かれなければならない。そのためには、清楚な服装やきちんとした髪型を心がける

2 商品知識

●お客が、営業担当に対して最も求める要素

●あなたがモノを買う立場でも、商品知識のない営業担当からモノを買う気にはなれないはず。高額商品であればなおさら

●自社の商品の知識だけでなく、他社商品との比較説明ができるようにしたいもの。ただし、他社の誹謗中傷などは絶対に言ってはならない

3 説得力

●説得力を持つためには、自社の商品に惚れること、自分に自信を持つことが必要

●自社の商品を好きになり、惚れるためには、自社の商品の長所を知ること。長所が短所を上回っているからこそ、その商品は売れている

●自分に自信を持つためには、成功体験を積むしかない。営業担当が成功体験を積むためには、場数を踏むこと。今日も明日も、新規開拓に取り組もう

4 仮説構築力

●すべての顧客と関係性が深いとは言えないのが営業の世界であり、そうした中でも仮説を立てて顧客を分析することが求められる

●たとえば、“顧客の本当のニーズは何か”、“商談を成約させるうえでのキーマンは誰か”、“その顧客におうて自社の販売シェアは何%か”といったこと

●つまり仮説構築力とは、言い換えればカンの鋭さと言える

5 問題解決力

●生産財の売買において発生する、さまざまな問題を解決する能力

●仕様の変更や納期遅れ、納入後のトラブル等を、顧客と製造サイドの間に入り、相互が納得いく形での落としどころを探る力、とも言い換えることができる

●高額なうえに複雑で一品一様の仕様が多い生産財において、トラブルは当たり前と言っていい。こうした問題をうまく解決することが、営業の仕事

15 「人に好かれる」ためのポイントは

◎気配り、スピード対応、素直の三つ

営業担当にとって大事なスキルのひとつである「人に好かれる」ために必要なことは、①気配り、②スピード対応、③素直であること、の3点と言えます。

①気配り…「営業とは気配りである」という言葉があるくらい重要なポイントです。では、具体的に「気配り」とは何でしょうか。

小さなことで言えば、相手がタバコを吸いそうなそぶりを見せたら灰皿を差し出す（火まで着けるのはやりすぎ）、会席の後、忘れ物がないかどうか席を確認する、といったことがあります。また、忙しい朝9時前後やお昼休み直前12時前の訪問は避ける等、相手の立場に立った行動を取ることが「気配り」のある行動であると言えます。

②スピード対応…どんな業界でも、トップセールスの人は即時処理を行います。たとえば納期の確認でも、商談のその場から携帯電話で工場にかけて確認すればいいのです。その場でスピード対応をするところをお客に見せることにより、お客の立場からすると「自分のことを重視してくれているのだな」と感じることができるからです。

また、カタログ請求や見積書の提出も、請求されたら即日処理するのが基本です。カタログ請求され、カタログを送付した際にも、「本日、カタログを○部ご送付しました」とFAXを1本入れるだけで、お客の印象は変わります。ビジネスは何よりもスピードが命です。

③素直…何でもハイと答えるイエスマンになれ、ということではありません。自分がいままで経験したことがないこと、理解できないことを相手が言ったとしても、それを即座に否定するのではなく、まずはそれを受け入れてやってみるという姿勢のことです。

受け入れたうえで、なぜ相手がそのようなことを言っているのか、その背景を考えることが大切なのです。とくに駆出しの営業担当、成果が上がらない営業担当に最も必要な要素と言えるでしょう。

◆人から好かれるための三要素◆

1 気配り

●「営業」とは「気配り」である、と言われるほど営業担当にとって必須の要素であり、人から好かれるうえで最も大切な要素と言える

2 スピード対応

●「スピード対応」することで、相手は「自分のことを重視している」と認識します。そうすると、人から好かれます。また、「スピード対応」はビジネスで最も求められる要素のひとつ

3 素直

●売れない営業担当は、「素直」でありません。「素直」でないことのひとつの表れが、「言い訳」。「言い訳」が多い人は嫌われるし、営業担当であれば売れない営業担当となる

16 営業担当は外観にも気をつける

◎外観でマイナス評価をされないように

皆さんは「メラビアンの法則」をご存じでしょうか。これは、話し手が聞き手に与える印象というのは、見た目・身だしなみ・しぐさによるものが55%、声の大きさ・質・トーンが38%、話の中身が7%というものです。またこの法則では、第一印象というのは会った最初の6～7秒で決まってしまう、と指摘しています。

つまり、「人間は中身で勝負」と言っても、実際のところは外観や印象が、その人の評価に大きな影響を与えるのです。また、営業担当として中身で勝負するのは当たり前のことで、それ以前に外観でマイナス評価をされるというのは非常に損な話です。

一般的なビジネスパーソンに求められる外観を左に示しますが、とくに注意したほうがよいポイントを以下に示します。

(1) ワイシャツは白が望ましい

とくに年配の方や経営者を相手にするような営業担当の場合、白が無難です。白のワイシャツがマイナスに働くことはありません。

(2) ネクタイは首元までしっかりと締める

ネクタイとワイシャツの襟の間に隙間があるのは、相手にだらしのない印象を与えます。絶対にNGです。

(3) ネクタイは黄色か赤が合わせやすい

黄色は知的に見せる効果、赤(えんじ)は情熱的に見せる効果があります。また、この2色はあらゆる色のスーツに合います。

(4) 靴下は白色を絶対に避ける

白の靴下をはいている時点で、ビジネスパーソンとしての常識を疑われます。靴下は黒が最も無難です。

(5) 前髪は上に上げ、ひたいを見せる

前髪が上に上がり、ひたいが見えていると相手に明るい印象を与えることができます。逆に前髪でひたいが隠れていると、相手に暗い印象を与えます。ネアカであること、ネアカに見せることが人から好かれるうえで重要な要素です。髪型まで変えることには抵抗があるかもしれませんが、効果は高いと言えます。

◆身だしなみのポイントは◆

男性

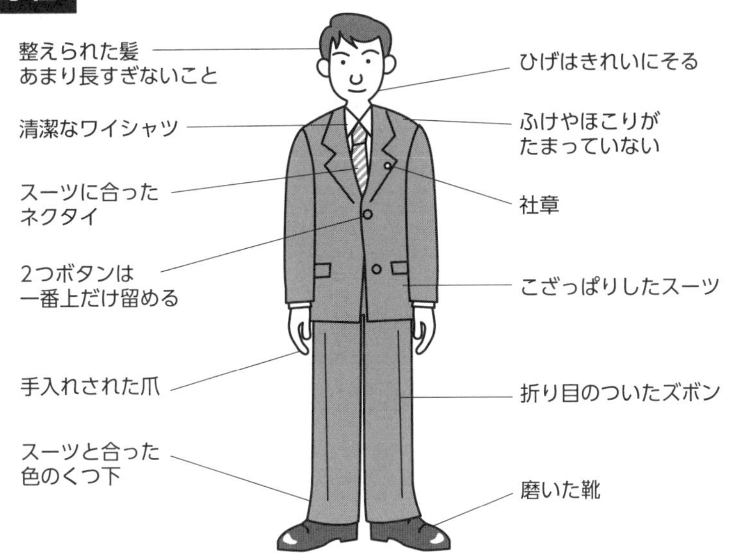
整えられた髪
あまり長すぎないこと
ひげはきれいにそる
清潔なワイシャツ
ふけやほこりが
たまっていない
スーツに合った
ネクタイ
社章
2つボタンは
一番上だけ留める
こざっぱりしたスーツ
手入れされた爪
折り目のついたズボン
スーツと合った
色のくつ下
磨いた靴

女性

お化粧はセンスよく、
濃すぎないように
口紅はその日の服装に合わせた色に
清潔でブラシの通った髪
前髪は目を隠さない程度
アクセサリーは仕事の邪魔
にならないものを
派手なマニキュアは会社で
好ましくない
伸びた爪も仕事がしにくく
感じもよくない
清潔で機能的な服装
ダラリとした印象を与える
ものは会社では好ましくない
ストッキングは肌色が一般的
余備を1足バッグに入れて
おくとよい
スカート丈は時代によって
変わるが、ひざから上下
5cmくらいのものが適当
磨いた靴
ヒールは高すぎず、
動きやすいもの

17 「仮説構築力」が成功のカギ

◎「一を聞いて十を知る」能力

「仮説構築力」と言うと、少しむずかしく聞こえるかもしれません。「仮説構築力」というのは、言い換えると「勘のよさ」、さらにわかりやすく言うと「一を聞いて十を知る」能力と言い換えることができます。

実社会を生き抜き、成功を収めるための条件は学歴の良し悪しではありません。この「一を聞いて十を知る」という能力なのです。この「一を聞いて十を知る」ためには、少ない情報で自分なりに正確な仮説を立て、短時間で回答を出す力が求められます。これが「仮説構築力」です。

営業担当に必要な五つのスキルの一番目にくるのが、「人に好かれる」ということでしたが、「人に好かれる」ために最も大切なことは相手への気配りです。

つまり、「こんなことをしたら相手は喜ぶだろう」「こんなことをしたら迷惑だろうからやめておこう」と考えをめぐらせて実行していくことが、相手への気配りなのです。

そして、こうした気配りを考えるうえで求められる力も、「仮説構築力」であると言えます。

◎「仮説構築力」が求められる場面は多い

この他に、営業担当に「仮説構築力」が求められる場面としては、以下のようなものが挙げられます。

(1) ターゲット顧客の購買力の想定
(2) ターゲット顧客のニーズの想定
(3) キーマンであるかどうかの判断
(4) 商談確度の見きわめ
(5) 競合企業の動き

このように、営業活動の中で「仮説構築力」が求められる場面は多く、しかも営業プロセスの重要局面でこの能力が求められるのです。

本書で述べる、「価格競争を回避するための問題解決営業のプロセス」にも仮説構築というプロセスが含まれています。

ここでは、それだけ「仮説構築力」が重要だということを認識してください。

◆仮説構築力が求められる主な場面◆

1 ターゲット顧客の購買力の想定

- そのお客がどれくらいの購買力があるのか、現在自社の顧客内シェアが何%なのか、想定することがターゲティングを行ううえで求められる
- しかし、関係性の薄い顧客の場合、顧客の購買量やライバル企業の販売量を正確につかむことは不可能

2 ターゲット顧客のニーズの想定

- 価格競争を回避するためには、お客の潜在的なニーズを探り、そのニーズを満たす提案をすることが求められる
- お客の潜在的なニーズを引き出すために必要なスキルが、仮説構築力
- 言い換えれば、「このお客は○○に困っているのではないか」「こんなニースがあるのではないか」と予測すること

3 キーマンであるかどうかの判断

- 役職が高いからといって、キーマンとは限りません。また、商談を成約させるうえでのキーマンが、複数存在することもある
- 商談の進み方やその会社の購買ルールから、現在アプローチしている人間が本当にキーマンなのかどうか見極めなければならない
- 購買を行ううえで誰がどのような役割を担うのか、仮説を立てて考えることが必要

4 商談確度の見極め

- 現在の商談がいつ成約するのか、そして成約の確度がどの程度あるのかをつかまなければ、行動の優先順位が立てられない
- 売れない営業担当は、決まらない商談をしつこく追う傾向がある
- 商談の見極めを行ううえでも、仮説を立てて考えることが求められる

5 競合企業の動き

- 現在の商談においてライバルとなっている会社がどこなのか、どのような作戦でくるのか、価格はどうなのか仮説を立てる
- たとえば、立会いをするにしても、競合企業よりも後から実施したほうが有利だし、相手のほうが安いということが予測されれば、あらかじめ予防線を引くこともできる
- 競合企業の動きも仮説を立てて考えることで、こちらも行き当たりばったりの動きをしなくてすむことになる

18 「説得力」を上げる方法

◎生産財営業ではとくに説得力が重要

営業担当には「説得力」が必要です。性能だけで明確に差別化できる商品というのは、非常に限られています。個人の嗜好が入りにくい生産財の世界ではとくに、そうした傾向が強いと言えるでしょう。そこで必要になってくるのが、「説得力」なのです。

「説得力」とは言い換えれば、「なぜ、この商品がよいのか」「なぜ、ウチの会社と取引をするべきなのか」、さらには「なぜ、自分から買うとメリットがあるのか」ということを相手に伝える技術に他なりません。

誤解していただきたくないのは、「説得力」とは「押し売り」をする技術ではありません。あくまでも、お客に購入した結果のメリットを訴求するために必要なのです。

◎自分と商品に自信を持つことがポイント

「説得力」を上げるための最も基本的なことは、「大きな声を出す」ことです。なぜなら、それは自信があるように見えるからです。セールスをするうえで、この「自信を持つ」というのは極めて重要なことで、まずは「自分に自信を持つ」ことからはじめましょう。

「自分に自信を持つ」ために必要なことは、「成功体験」です。最もよい「成功体験」は、新規開拓における成功です。ですから、駆出し営業担当のころは新規開拓に力を入れなければならないのです。ビギナーズラックという言葉がありますが、新規開拓ではどんな初心者営業担当でもやり続ければ必ず成果が出ます。駆出しの方はぜひ取り組んでいただきたいものです。

次に、「自社の商品に自信を持つ」ことが必要です。「ウチの商品は競争力がない」と思っているようでは、営業担当失格です。商品として世の中に少しでも流通しているからには、必ずその商品にはよいところがあります。そのよいところに目を向け、自社の商品に絶対の自信を持たなければならないのです。

世の中に100%完全な商品など存在しません。もし存在するとすれば、それは工業製品ではなく芸術品で、とても採算に合わないものなのです。そう考えて、とにかく自社の商品に絶対の自信を持つことが必要です。

◆こうすれば説得力が上がる◆

1 大きな声を出す

●小さな声で話すと、自分に自信がないように見える。挨拶も相手からされる前に、こちらから大きな声を出し挨拶をする。背筋を伸ばし、相手が聞き取りやすいことを心がけて話す

2 自分に自信を持つ

●自分に自信を持つためには、成功体験が必要。営業担当が成功体験を得るための早道は、新規開拓。新規開拓はそのやり方の中身よりも、やるかやらないかが重要な要素

3 商品に自信を持つ

●商品の悪いところではなく、よいところに目を向けるようにする。そして、自分の扱う商品に絶対の自信を持つところから、スタートしなければならない。商品のよいところが見えないというのは、ひとえに勉強不足の証拠

4 言い切るようにする

●言い切ることで、説得力が出てくる。もちろん、不完全なことや、できないことを言い切ってはダメ。言い切るのがベストなんだと、意識して対応する。そして、言い切れるだけの知識を身につけ経験を積むこと

5 やり手の人をイメージして話す

●自分が尊敬する営業担当（もちろんやり手の人）をイメージしながら、その人になったつもりで話をする。結果的に、聞き取りやすく、説得力のある話し方になっているはず

19 「商品知識」を身につける方法

◎「商品知識」不足は致命的なマイナス

「商品知識」は、営業担当にとって必須のスキルです。あなたがお客の立場で、商品知識のない営業担当から商品を買う気になれるでしょうか？　いくら人あたりがよく、よい人だったとしても、商品知識が不足しているというのは致命的なマイナスになります。ましてや、生産財のように売る相手がプロであれば、なおさらです。

しかし、生産財というのは技術的な要素が高く、また一品料理的な要素もあることから、商品の種類が多くなりがちです。また、カタログや仕様書をいくら読んでも、なかなか生きた商品知識、説得力のある商品知識にならないことは皆様も経験ずみではないでしょうか。

では、どうすれば生きた商品知識、セールスの際に説得力のある商品知識を身につけられるのでしょうか？

◎まずは商品をひとつに絞り込み、徹底的に勉強

それは、覚える商品を単品レベルにまで絞り込むのです。そして、「この商品のことなら誰にも負けない」というレベルまで、その商品を勉強するのです。そうして、ひとつの商品でいいから自分なりに自信をつけたうえで、お客さんにその商品をＰＲしてみます。

このように情報発信をすれば、お客さんが何らかの反応を示します。すなわち、お客さんから何らかの質問をされるはずで、おそらく最初は、その質問にその場で答えられないと思います。そこで「持ち帰って調べてきます」と答えて社内に持ち帰り、上司や工場の技術者、あるいはメーカーに聞いて調べます。そしてその後、改めてお客さんに回答すればいいわけです。

このように、実際にお客さんから出された宿題を調べるというプロセスが、最も生きた商品知識、すなわち説得力のある商品知識を身につけることにつながります。

また、ＰＲした商品以外の商品について、お客さんから引合いをもらえることもあるでしょう。この場合も同様にこなせばよいのです。そうして、徐々に商品知識に自信が持てるアイテムを増やしていくのです。

商品知識もまずは絞り込み、一点突破することが必要なのです。

◆一点突破全面展開とは◆

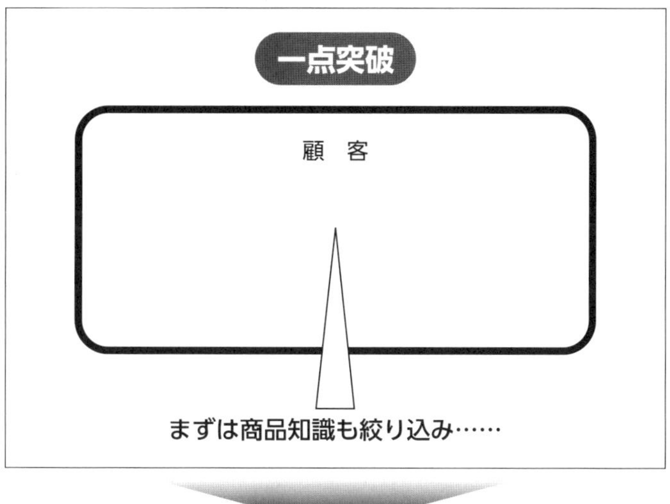

①まずはひとつの商品を徹底的に勉強し、自信をつける（単品レベルへの絞り込み）
②自分が得意な商品から顧客に情報発信を行い……（一点突破）
③情報発信をすれば、相手から何らかの質問が出てくる。あるいは、他商品の引合が出る。そこで、商品知識を実戦のなかで勉強することが最も身につく

20 不可欠なのは「問題解決力」

◎提案営業の前提が「問題解決力」

生産財の営業において、「問題解決力」が求められるシーンは非常に多くあります。営業活動をしていると、お客が抱える問題を解決できるような提案、たとえば、「このロボットシステムを採用いただければ、現状5人の作業者を2人に削減することができます」といった提案を行うスキルが求められます。こうした提案を行う際に必要なのが、問題解決力なのです。

このような営業スタイルを「問題解決営業」と言い、その中身や進め方については6章で詳しく触れますが、価格競争を回避するためには、この「問題解決営業」というスタイルを取ることが求められます。

◎トラブルを解決するのが営業担当の仕事

また、商品となる生産財を受注し、納入して検収するプロセスでも、予想もできないような問題が発生します。

そうした問題の代表的なものに、「納期遅れ」があります。生産財の場合、その納入日から起算して稼動開始日が設定されており、生産計画もそれに準じて立てられています。つまり「納期遅れ」は、お客の減収要因になりかねず、ヘタをすると補償問題を起こしかねません。

次に多い問題として、納入後の「クレーム」が挙げられます。たとえば、商品である生産財の不具合が原因の故障などがこのケースです。このような、生産財の側の設計ミスや製造ミスが原因となる故障でお客の工場のラインを止めた場合、やはり「納期遅れ」同様、ヘタをすると補償の問題になりかねません。

しかし、このような問題・トラブルを解決するために、営業という職種が存在するのです。営業担当はトラブルの中身を深く把握し、工場サイドを動かし、お客と工場サイド双方が歩み寄れる「落としどころ」を見つけてそこに導き、問題解決することが仕事なのです。

こうした問題解決力を身につけるためには、現場で場数を踏むしかありません。問題解決をしていくことが営業担当の仕事なのですから、目の前の問題から逃げず、「これも勉強だ」と思い、誠意を持って対応していくスタンスが営業担当には必要なのです。

◆問題解決力が求められる主な場面◆

1 顧客への提案

●顧客が抱えている問題を解決できるような商品提案・施策提案をする際に求められる

2 納期遅れ

●なぜ遅れるのか、いつ納入できるのか、それはたしかなのか、落としどころをどうするかという調整

3 納入後のクレーム対応

●顧客側、製造側、それぞれ言い分がある。両者が歩み寄れる落としどころをどうするのかという調整

4 納入時のトラブル対応

●生産財の場合、納入時に予期せぬトラブルが起きることがある。そうしたことへの対処の際に必要

5 検収時のトラブル対応

●打合せどおりの仕様にならない場合、どこを落としどころにして検収を上げてもらうかという調整

3章

「ターゲティング」は基本中の基本

——「狙いを定める」活動が成果に大きな差をつける

21 「営業プロセス」とは何か

◎生産財営業にも「定石」がある

前章では、生産財営業担当としての心構えについて述べましたが、本章からは、営業活動の具体的な手法をご紹介していきます。

まず、将棋や囲碁の世界に「定石」という言葉があります。「定石」とは、初心者でも、そのとおりに指していけば、ある一定のところまではいけるような、基本的な型、指しパターンのことで、チェスの世界では「セオリー」と言います。どんな仕事でも「定石」が存在し、生産財営業にもひとつの「定石」があります。それが、左に示す「問題解決営業のプロセス」です。

「問題解決営業」については次章で詳しく述べますが、価格競争を回避するための営業スタイルのことで、「営業プロセス」とは、「営業のステップ」「営業の手順」のことです。つまり、この「営業プロセス」に沿って営業活動を進めていけばよい「定石」のことです。

◎「営業プロセス」には八つのステップがある

「営業プロセス」は、①ターゲティング、②行動計画、③情報収集・仮説構築、からなる〝営業の事前準備〟と、④情報発信、⑤ニーズの把握、⑥問題解決、⑦見積書の提出、⑧クロージング、からなる〝実際の営業活動〟の2段階8ステップから構成されます。

この8ステップからなる「問題解決営業のプロセス」は、生産財営業だけでなく、あらゆる法人営業に通用する基本中の基本の形です。自社の取扱商品が何であれ、まずはこの「問題解決営業のプロセス」に置き換えて考えていただきたいと思います。

このプロセスに沿って、問題解決営業を展開していくことこそ、お客との人間関係構築につながり、ひいては価格競争を回避する営業スタイルにつながります。前章で述べた「営業担当に必要な五つのスキル」は、この問題解決営業をこなすために必要なスキルと言えます。

とは言え、この「問題解決営業のプロセス」は、努力さえすれば誰でもこなすことができる営業パターンです。誰でもこなすことができるからこそ、「定石」と言われるのです。

◆問題解決営業のプロセス◆

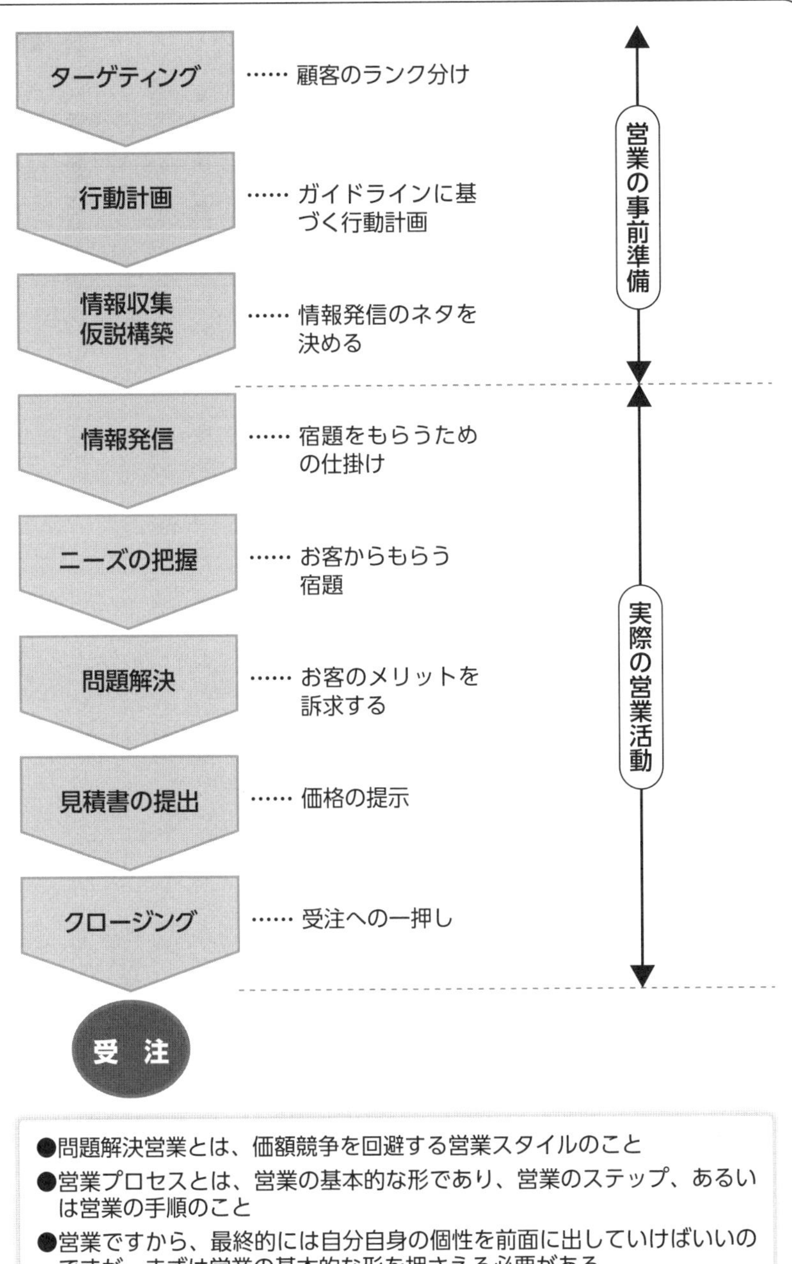

- 問題解決営業とは、価額競争を回避する営業スタイルのこと
- 営業プロセスとは、営業の基本的な形であり、営業のステップ、あるいは営業の手順のこと
- 営業ですから、最終的には自分自身の個性を前面に出していけばいいのですが、まずは営業の基本的な形を押さえる必要がある

22 「ターゲティング」の重要性を知る

◎狙うべきお客を見定めることができるか

ターゲティングとは、直訳すると「狙いを定める」ということですが、営業活動においては非常に重要なポイントです。営業活動は、「ターゲティングにはじまり、ターゲティングに終わる」と表現することもできると私は考えています。成果の上がらない営業担当というのは、セールストークができるできない以前に、ターゲティングが間違っているケースがほとんどです。

わかりやすい例を挙げると、ある自動車メーカー販社の、法人営業部門の研修をしていたときのことです。自動車の法人営業というのは、個人相手の営業と比較して、新規開拓に相当な手間がかかります。つまり、営業先として狙うのであれば、少なくとも社用車を20台以上は抱えているところでなければなりません。

20台の社用車を抱えているということは、仮に4年リースとして、20÷4で、年間5台、つまり2ヵ月に1台は車を買い換える計算になるからです。

しかし、成果が上がっていない営業担当というのは、平気で従業員10人前後の会社をターゲティング先として挙げてくるのです。従業員10人では、仮に5台の社用車を持っていたとしても、年に1台買い換えるかどうかという計算になり、攻略する手間と比較してリターンが少ないわけです。

◎訪問しやすいところにばかり行くのは最悪

このような的外れなターゲティングをする、成果の上がっていない営業担当というのは、こちらが何度指摘しても、やはり同じように10人前後の会社に通い続けています。要は、訪問しやすいから行っているだけであり、営業担当としては最悪のパターンです。

生産財営業でも同じことが言えます。本来は大手を狙わなければならないのに、ついついアポなし訪問も容易な中小零細に足しげく通う。決裁権はなくても話しやすいお客のところばかりに訪問する。あるいは、無計画に飛び込み訪問を繰り返す。これらは、いずれも成果が上がらない営業の典型です。行き先が間違っているのですから、成果など上がりようがありません。

◆ターゲティングで成果に差が出る◆

- 労力に見合ったリターンが得られるだけの購買力があるかどうかがポイント
- お客を差別してはならないが、採算性も考えなければならない
- 「行きやすいから行く」という営業スタイルは、営業として最もまずいパターン

23 売れない営業担当の行動パターンとは

◎ターゲティングとは顧客のランク分け

前述のとおり、営業活動においては、まずターゲティングを行うことが必須です。ターゲティングとは、言い換えれば、訪問先の優先順位づけをするということであり、すなわち顧客ランク分けを行い、それに基づいて営業活動を行うということです。

顧客ランクの分け方については後述しますが、S・A・B・Cの4ランクに分けます。さらに、1日の適正訪問件数を規定し、顧客ランクごとの訪問頻度を規定する必要があります。たとえば、Sランクは週2回訪問する、Aランクは週1回訪問する、という意味です。

このような適正訪問件数と、顧客ランクごとの訪問頻度のことを、「営業ガイドライン」と呼びます。これはあくまでも「ガイドライン」ですから、例外も認められるということです。

◎すべてのお客を同じようには訪問できない

1日の適正訪問件数を規定する意図は、きちんと効果的な営業活動をしようとすると、回れるお客の数が限られてくるからです。つまり時間は限られているわけで、すべてのお客を同じように回るわけにはいきません。

たとえば、毎月1000万円買ってくれるお客と、毎月10万円しか買えないお客を同じように扱うのは、ムリがあります。つまり、顧客への訪問も優先順位をつける必要があり、顧客ランク分けとは、言い換えれば営業活動の優先順位づけなのです。

売れない営業担当というのは、こうした優先順位づけができていません。売れない営業担当の行動パターンは、「その日の予定をその日に立てる」ということです。ということは、ターゲティングに基づいた動きではなく、「行きやすいお客にのみ通う」という行動パターンになります。あるいは、アポなしで行けるレベルのお客にしか行かないということになり、生産財営業においては成果が上がらない行動パターンとなります。

とくに生産財営業においては、ターゲティング、すなわち顧客ランク分けをきちんと行い、それに基づいた営業活動を行うというのが、基本中の基本なのです。

◆売れない営業の行動パターン◆

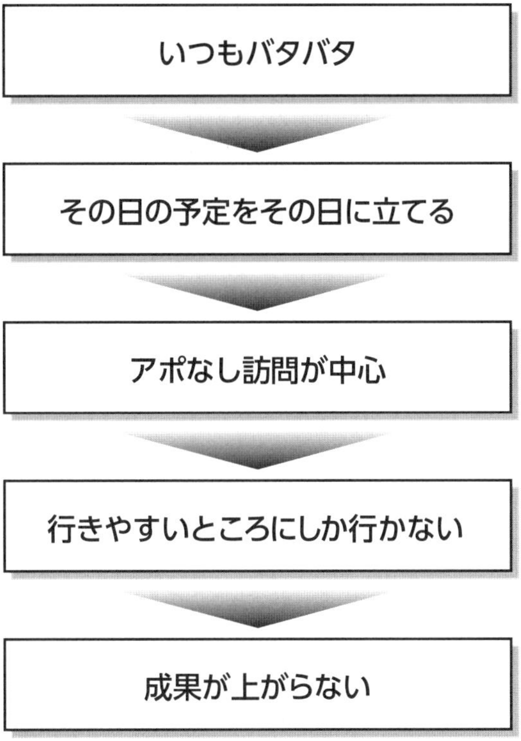

いつもバタバタ

↓

その日の予定をその日に立てる

↓

アポなし訪問が中心

↓

行きやすいところにしか行かない

↓

成果が上がらない

- ●営業担当の仕事は、"行きやすいところに行く"ことではなく、"購買力の高い、数字が見込める顧客"へ行くこと
- ●ところが、その日の予定をその日に立てると、行きやすいところにしか行けない構造になる。仮に、いまは数字がつくれていたとしても、こうした動きを続けているとマンネリ化して、必ず数字が落ちてくる
- ●ましてや、いま数字がつくれていないならば、攻めるべき顧客を見極め、その顧客に訪問するための作戦を立て、きちんとアポを取って訪問しなければならない
- ●日々のマンネリ化した動きを打破するところから、はじめること

24 訪問件数と売上高にはこんな関係がある

◎訪問件数が増えても売上は頭打ち

営業活動というのは、とにかくたくさん件数を回ればいいかというと、そうではありません。とくに生産財営業の場合は、そうした傾向が顕著に見受けられます。

たとえば左のグラフを見てください。1日1件の訪問に対して、1日2件訪問するほうが売上高は上がります。さらに、1日2件の訪問よりは、1日3件訪問するほうが売上高は上がっていくわけです。考えてみれば、これは当たり前のことです。

しかし、1日当たりの訪問件数を増やせば増やすほど売上高が上がるかというと、そうではありません。左図の場合でいくと、1日7件の訪問をピークに、それ以上訪問件数を増やしても逆に売上高は落ちるばかりです。それはなぜでしょうか?

◎しっかり面談時間を取ることが前提

生産財営業というのは、価格競争を回避するために、前述の営業プロセスに沿って、問題解決営業を展開していかなければなりません。そのためには、顧客との面談時間をしっかりと取らなければなりません。よほど顧客がひとつのエリアに集積していれば、1日10件回ることも可能かもしれませんが、現実問題として、移動時間を考えると1日5～7件が限界でしょう。

とくに、工場を営業対象とする生産財営業の場合、たとえば1日10件回ろうとすると、立ち話中心の商談になってしまいます。たまに立ち話をする分にはかまいませんが、基本はアポイントを取り、しっかりと面談時間を取ってもらうのが基本です。

よく、一般消費者向けの飛び込み販売などで、「1日100件訪問する」といった話を聞きます。これは、圧倒的に断られるケースが多いため、件数を稼いでいるのです。つまり、完全に確率論的な営業をしているのです。

よく、「断られてから営業がはじまる」と言いますが、これはどちらかというと消費者向け営業の話です。生産財営業の場合は、断られないように営業活動を進めるのが基本です。お客がイヤがっているのにしつこく訪問を繰り返しても、それは逆効果なだけです。

◆適正訪問件数の考え方◆

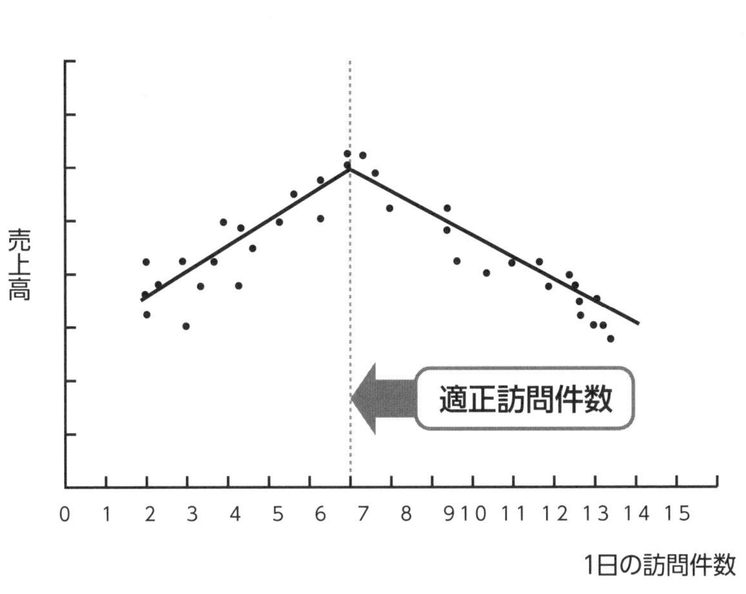

- 訪問件数は多ければ多いほどよい、というものではない
- 一般的に、商品が高額になればなるほど、商談にも時間を取る必要が生じ、訪問件数は少なくなる
- 逆に、商品が安価な場合や営業が配送を兼ねているケースなどは、訪問件数が上がる
- 自社における"適性訪問件数"が何件なのか、社内において議論することも必要

25 「営業ガイドライン」をどう決めるか

◎訪問頻度も顧客ランクで決めるべき

前項で示したように、1日の訪問件数は多ければ多いほどよいわけではありません。そして、お客への訪問頻度にしても、毎日通えばよいというものではないのです。たとえば、ターゲットとするお客が、購買力の高い、将来有望な会社であったとしても、人間関係がきちんとできていない状態で毎日通ったとしても、成果は上がりません。とくに生産財営業の場合、お客は工場であり、忙しく仕事をしているのです。

もし、自分が忙しく仕事をしているときに、毎日営業担当に来られたら、あなたはどう思うでしょうか。そんな営業担当からモノを買う気分にはなれないと思います。

つまり、お客にどれくらいの頻度で訪問すべきかという「訪問頻度」も、顧客ランクごとに規定しなければならないのです。

◎本来は会社として決めるべきもの

こうした「訪問件数」と「訪問頻度」のことを、「営業ガイドライン」と言います。営業改革を行う際、まず初めに決めるのは、この「営業ガイドライン」です。

つまり本来は、個人というよりは営業チームとして「営業ガイドライン」を決めなければなりません。もし、会社として「営業ガイドライン」がないのであれば、自分で設定しなければなりません。

1日当たりの適正訪問件数は業種によっても異なりますが、一般的な生産財営業の場合で5件前後、一部配送を伴う営業の場合で7件前後、配送と営業を同時に行う場合で12件前後が適正と言えるでしょう。

もちろん、クレームの対応に時間を取られるなど、日によっては1日1件か2件しか回れないこともあるでしょう。しかし、訪問計画を立てるためにも、1日当たりの適正訪問件数は設定しなければならないのです。また、数字が思うように上がらないのであれば、「あと1件回ろう」というマインドが必要であり、営業スキルが低いのであれば訪問件数を上げなければなりません。

そうした意味で、自分なりの営業ガイドラインを決めることは、必須と言えるでしょう。

◆有効訪問頻度とは…◆

●前項で説明した「有効訪問件数」と、この「有効訪問頻度」のことを「営業ガイドライン」と言う

●会社として「営業ガイドライン」を定め、全員が共通した価値観を持つことが重要

26 「顧客ランク」をどうやって分けるのか

◎基本は四つに分ける

さて、それでは「顧客ランク」はどのようにして分ければよいのでしょうか。

ランク分けは、「S」「A」「B」「C」の四つに分けます。「S」というのは「スペシャル」という意味であり、とくに重要な顧客のことを指します。

たまに、「4ランクでは少ない」といって、8ランクや10ランクにも分ける人がいますが、そんなに多いと逆に使えないものになります。

心理学では、人間が1度にとらえられる数は一般的に三つ、多い人でも五つまでです。したがって、4ランクであれば感覚的にとらえることができますが、それ以上だとそれができませんから、実戦では使えないのです。

◎ランク分けの基準は顧客の購買力

さて、左に顧客ランク分けの概念を示します。注意していただきたいことは、自社の売上が高いか低いかという視点ではなく、その顧客の購買力が高いか低いかという視点のほうが必要ということです。

いくら自社からの売上が高くても、購買力が低い顧客、つまり、これ以上攻めても売上の上がる余地の少ない顧客というのは、最低限の営業工数で維持していかなければなりません。それよりも、自社の現状の売上高が少なくても、購買力の高い顧客こそ攻めなければなりません。営業担当の仕事は、Aランクの顧客を攻略して、Sランクにレベルアップさせることなのです。

逆に、営業担当が通いすぎてしまうのがBランクの客先です。購買力は低いのに、自社から多く売り上げているということは、その顧客内の自社シェアが高いということであり、いわば居心地のよい顧客と言えます。Bランクは訪問頻度を落とし、その空いた時間をAランク顧客の攻略や新規開拓に充てるべきなのです。

また、Cランクについては基本的に訪問はせず、電話やFAX、配送対応だけですませるようにします。

これらのランク分けは、「S＝VIPユーザー」「A＝攻めユーザー」「B＝維持ユーザー」「C＝放置ユーザー」と言い換えることもできるでしょう。

◆顧客ランク分けの概念◆

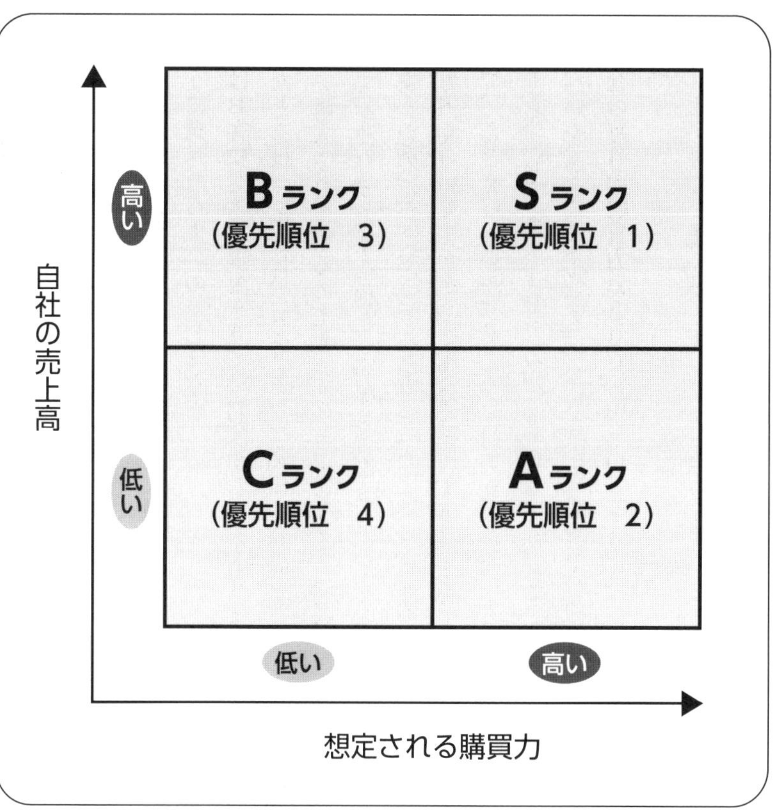

- 上図のマトリックスは顧客ランク分けの概念
- 最も重要な顧客で、最も重点的に訪問しなければならないのがSランク顧客
- 最も力を入れて攻略しなければならない顧客がAランク。最も「行きにくい」顧客でもある
- Bランクの顧客は、訪問する代わりに電話フォローにするなどして、訪問頻度を落とす。空いた時間をAランク顧客の攻略や新規開拓の時間に振り向ける
- Cランクの顧客へは、基本的に訪問しない

27 顧客購買力を判断する方法

◎基本はお客に聞いてみること

さて、顧客ランク分けにおいて、「売上高」は自社のことですから容易にわかりますが、顧客の「購買力」はどのように調べたらよいのでしょうか。

基本はお客に聞き、仮説を立てて判断するしかありません。たとえば、「御社は、こういった関係の商品をどれくらい購入されているのですか?」と聞きます。「月によってバラバラだから何とも言えないよ」といった回答があったら、「では、ざっくりしたところで、毎月300万円くらいですか?」と重ねて聞いてみます。

そこで、たとえば「いや、そんなにはいかないな」と言われたら、「じゃあ、100万円くらいですかね」と聞いて、「いや、そんなに少なくはないな」と言われたら、その会社の毎月の購買力は200万円というふうに設定するのです。

あるいは、同じ会社に出入りしている他の業者からの情報や、リース会社等の情報も活用できます。

◎正確な数字はわからないが仮説を立てる

私たちコンサルタントが営業改革コンサルティングを行う際には、この購買力をターゲット顧客の事業所における従業員の数、売上高、業種業態で置き換えることが実際には多いと言えます。しかし、営業担当個人レベルで考えるのであれば前述のとおり、お客とコミュニケーションを取り、自分の納得のいくところで購買力を設定するべきでしょう。

いずれにしても、生産財営業において購買力というのは相手の設備計画ですから、誰も正確な数字などわかりません。しかしそこで、正確な数字がわからなかったとしても、自分なりの仮説を立てて購買力をある程度設定することが大切です。

一番まずいのは、調べようがないからといって、「わかりません」で終わらせてしまうことです。「行ったことがないからわかりません」「取引したことがないからわかりません」と言っていたのでは、絶対に営業担当は勤まりません。わかってもわからなくても、とにかく仮説を立てることが大事なのです。

◆顧客の購買力に仮説を立てる◆

成果が出るパターン
この会社は、毎月1000万円は設備機器を購入しているな……
営業担当
○○商事
仮説
新規ユーザー
成果が出ないパターン
行ったこともないのに購買力なんてわからないよ……既存客だけ訪問しておけばいいや
営業担当
○○商事
新規ユーザー

- 生産財の場合、正確な購買力は、お客ですら把握できないケースがほとんど
- そこで必要なのが、「仮説を立てる」という思考方法
- 「行ったことがないからわからない」という思考方法は、営業として最もまずいパターン

28 「担当企業棚卸表」を活用しよう

◎意識して「戦略的」な時間をつくる

さて、私が営業改革のコンサルティングや法人向け営業研修をする中で、営業担当の方から、「どうすれば数字が伸びますか」という質問をよく受けます。そのようなときに私は決まって、「営業に行くのをやめて、半日ほど喫茶店へ行ってください」と言います。

すると、誰もが驚いたような顔をしますが、私は続けて「もちろん、喫茶店でマンガを読んでくれということではありませんよ。このシートを埋めてほしいのです」と言って渡すのが、左の「担当企業棚卸表」です。

担当企業の棚卸（たなおろし）とは、言わばターゲティングのことであり、顧客ランク分けのことです。つまり、営業という仕事は日々忙しい中、どうしてもマンネリ的な状態に陥りがちです。つまり、訪問先がワンパターンになっており、これでは数字は上がりません。

ですから喫茶店へ行き、携帯電話の電源もそのときだけは切り、じっくりと自分の営業活動を見直してほしいのです。会社でこうした作業をすると、外から電話が入ったり誰かから声をかけられたりで、なかなか集中して作業を進めることができません。日々の営業活動の時間を「戦術的」な時間とするならば、こうした時間は「戦略的」な時間と言えるでしょう。

◎ポイントは「部署ごと」と「キーマンとの関係」

なお、この担当企業の棚卸、すなわち顧客ランク分けですが、顧客が大手企業の場合は、部署ごとにランク分けを行うのが基本です。大手企業であれば、部署が違えば別会社のようになっているケースも多いからです。

また、訪問部署だけではありません。仮にAランクのターゲットに訪問できていたとしても、決裁権のあるキーマンと面談ができているかどうかということが重要です。

一般にキーマンと言われるような人、決裁権を持っている人というのは、人間関係ができていないと近寄り難いものです。恐らく、きちんとアポを取らないと面談には至らないでしょう。そのような動きができているかどうか、自分を見直す時間も必要なのです。

◆「担当企業棚卸表」の例◆

担当企業棚卸表　作成：平成　　年　　月　　日

部課名		担当	

売上シェア（推定）　高-1 / 低-2
B　S
C　A
購買推定力　高-1

【標準訪問回数】
S……月４回以上
A……月２回以上
B……月１回以上
C……２ケ月１回以上

＊訪問部署毎に記入・ランク付けしてください。

	企業名	訪問部署	担当者（キーマン）	購買実績（千円）				推定購買力（百万円）	売上シェア（%）	経営ランク（上図参照）	前月売上（千円）	当月売上目標（千円）	目標訪問回数
				05年	06年	07年	05/06（%）						
1													
2													
3													
4													
5													
6													
7													
8													
9													
10													
11													
12													
13													
14													
15													
16													
17													
18													
19													
20													
21													
22													
23													
24													
25													
26													
27													
28													
29													
30													
31													
32													
33													
34													
35													
36													
37													
38													
39													
40													

29 行動計画の重要性とその立て方

◎行動計画を立てるのは基本中の基本

さて、売れない営業担当の特徴として、「その日の計画をその日に立てていることがある」というのは、すでに述べたとおりです。逆に、売れている営業担当は、少なくとも1週間前には予定を入れることを心がけます。

したがって、先述した顧客ランク分けと同様、「行動計画を立てる」というのも、数字をつくるうえで非常に大切なポイントです。

たとえば、「1日100件訪問しろ」「売れるまで帰って来るな」という売り方をする業界も世の中にはあります。一部の住宅セールスや健康器具セールスなど、いわゆる純然たる「訪問販売」がこれに当たりますが、こうした業界でも必ず、夕方に営業担当を一度事務所に戻し、次の日の予定を立てさせます。

そして、ノルマを達成できていない営業担当については再び営業に出すわけですが、ポイントは次の日の予定を必ず立てさせるということです。つまり、行動計画を事前に立てるということは、顧客ランク分け同様、営業として基本中の基本なのです。

◎計画立案の助けとなる「月間活動管理表」

行動計画を立てるポイントは、以下のような点です。

(1) できるだけ移動時間が少なくなるように、計画を立てる。移動時間は営業活動にとってのロスと考える

(2) キーになる重要顧客とアポを取り、その重要顧客周辺の顧客、あるいは見込み客に対してはアポなし訪問を行って訪問件数を上げる

(3) お客からお客への移動が60分を超えるような場合は、その移動時間を昼休みにあて、移動が完了してからお客の近くで昼食を摂るようにする

左に「月間活動管理表」を示します。1ヵ月の予定を立てるのはムリがありますが、1日に訪問すべき件数、自分が持っている担当企業のランクに応じた訪問頻度から、自分自身がどのような動きをするべきなのかをイメージするために使います。

実務的には、1週間スパンで行動予定を立てていくべきでしょう。

◆「月間活動管理表」の例◆

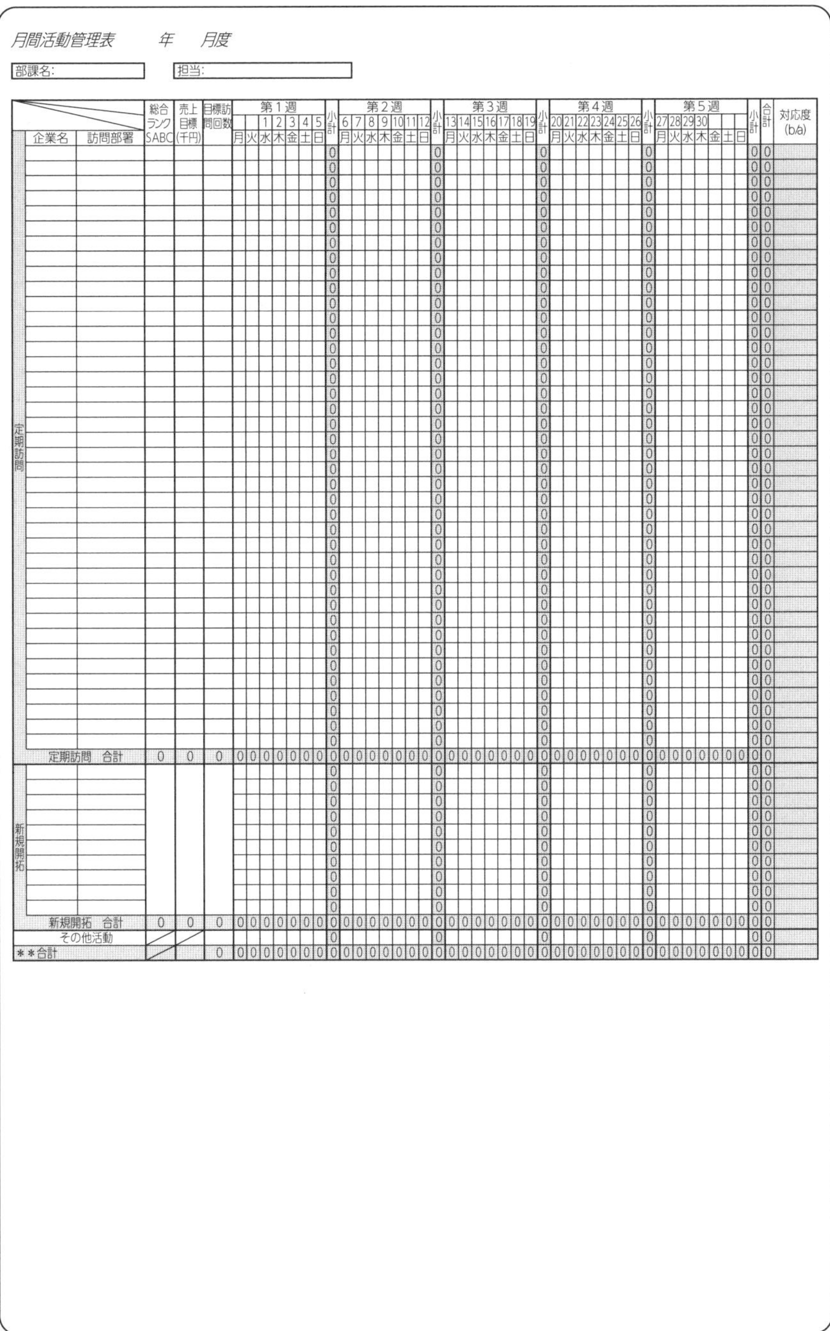

月間活動管理表　　年　　月度

部課名:　　担当:

	企業名	訪問部署	総合ランクSABC	売上目標(千円)	目標訪問回数	第1週							小計	第2週							小計	第3週							小計	第4週							小計	第5週							小計	合計	対応度(b/a)
								1	2	3	4	5		6	7	8	9	10	11	12		13	14	15	16	17	18	19		20	21	22	23	24	25	26		27	28	29	30						
						月	火	水	木	金	土	日		月	火	水	木	金	土	日		月	火	水	木	金	土	日		月	火	水	木	金	土	日		月	火	水	木	金	土	日			
定期訪問													0								0								0								0								0	0	
													0								0								0								0								0	0	
													0								0								0								0								0	0	
													0								0								0								0								0	0	
													0								0								0								0								0	0	
													0								0								0								0								0	0	
													0								0								0								0								0	0	
													0								0								0								0								0	0	
													0								0								0								0								0	0	
													0								0								0								0								0	0	
													0								0								0								0								0	0	
													0								0								0								0								0	0	
													0								0								0								0								0	0	
													0								0								0								0								0	0	
													0								0								0								0								0	0	
													0								0								0								0								0	0	
													0								0								0								0								0	0	
													0								0								0								0								0	0	
													0								0								0								0								0	0	
													0								0								0								0								0	0	
													0								0								0								0								0	0	
													0								0								0								0								0	0	
													0								0								0								0								0	0	
													0								0								0								0								0	0	
													0								0								0								0								0	0	
													0								0								0								0								0	0	
													0								0								0								0								0	0	
													0								0								0								0								0	0	
													0								0								0								0								0	0	
													0								0								0								0								0	0	
													0								0								0								0								0	0	
													0								0								0								0								0	0	
													0								0								0								0								0	0	
													0								0								0								0								0	0	
													0								0								0								0								0	0	
													0								0								0								0								0	0	
													0								0								0								0								0	0	
													0								0								0								0								0	0	
													0								0								0								0								0	0	
													0								0								0								0								0	0	
													0								0								0								0								0	0	
													0								0								0								0								0	0	
													0								0								0								0								0	0	
	定期訪問　合計		0	0	0	0	0	0	0	0	0	0	0	0	0	0	0	0	0	0	0	0	0	0	0	0	0	0	0	0	0	0	0	0	0	0	0	0	0	0	0	0	0	0	0	0	
新規開拓													0								0								0								0								0	0	
													0								0								0								0								0	0	
													0								0								0								0								0	0	
													0								0								0								0								0	0	
													0								0								0								0								0	0	
													0								0								0								0								0	0	
													0								0								0								0								0	0	
													0								0								0								0								0	0	
													0								0								0								0								0	0	
													0								0								0								0								0	0	
	新規開拓　合計		0	0	0	0	0	0	0	0	0	0	0	0	0	0	0	0	0	0	0	0	0	0	0	0	0	0	0	0	0	0	0	0	0	0	0	0	0	0	0	0	0	0	0	0	
	その他活動												0								0								0								0								0	0	
＊＊合計					0	0	0	0	0	0	0	0	0	0	0	0	0	0	0	0	0	0	0	0	0	0	0	0	0	0	0	0	0	0	0	0	0	0	0	0	0	0	0	0	0	0	

30 訪問前の準備も忘れない

◎事前準備するものは

さて、顧客ランク分けを行い、行動計画を立てたら次は顧客への訪問です。その際、事前に準備すべきものを以下に示します。

(1) 情報発信のためのカタログ・資料

手ぶらで訪問するのではなく、お客が興味を持ってくれそうな商品カタログ・技術情報・新聞記事や雑誌記事のコピー等を持参します。こうした情報発信の題材選定に必要な顧客ニーズの把握力が、問題解決営業を行ううえでのポイントになります。

(2) 自社の会社案内

既存取引先であっても、いつ自社の説明をすることになるかわかりません。常にカバンに入れておきましょう。

(3) 名刺

名刺は営業担当が絶対に忘れたり切らしてはならないアイテムです。名刺入れだけでなく、常に予備の名刺をカバンの中に入れておきましょう。

(4) 議事録

生産財営業にとって、議事録は必須のアイテムです。何か決定を伴う打合せを行う場合には、必ず議事録を取ります。

(5) 電卓

営業担当にとって必須アイテムです。見積りの計算や消費税の計算等、電卓が必要です。やはり常にカバンに入れておきます。

(6) 印鑑

急きょ伝票や領収書、その他書類に印鑑を求められるケースや必要になるケースがあります。認印でいいので常時携帯します。

(7) 手帳

スケジュール管理と客先でのメモ書きが目的です。メモを取らない営業担当は、お客に不安感を与えますから注意しましょう。

(8) 筆記用具

ボールペン、シャープペンシル、修正液、替え芯、消しゴムの携帯が基本です。

◆生産財営業担当の八つ道具◆

1 情報発信のためのカタログ・資料

2 自社の会社案内

3 名刺

4 議事録

5 電卓

6 印鑑

7 手帳

8 筆記用具

○どんな業界でも、トップセールスと言われるような営業担当ほど用意周到なもの。とくに、商談の話題をつなげるカタログや会社案内は、常にカバンに入れておく

○このほかにも、自社のサンプル商品、デモ映像を見せるための小型ＤＶＤ、事例集など、いつでも商談に対応できる準備が必要

○ 高額商品を販売している営業担当の場合は、筆記用具や手帳にもこだわったほうがよい。持ち物でその人が評価されることもある

○最低でも週に１回はカバンの中を整理整頓するなどして、メンテナンスをしておく

4章

「継続訪問」は売上をつくる最大のポイント

——“関係の薄い”お客にいかに有効な訪問ができるか

31 なぜ継続訪問が重要なのか

◎数字をつくる最大のポイント

生産財営業で数字をつくる最大のポイントは、継続訪問につなげることです。「何だ、そんなことか」と思わないでください。本書を読まれている皆さんも、何件かの顧客をお持ちだと思います。訪問しやすいお客さんもあれば、訪問しにくいお客さんもあるはずです。

本書でも何度か指摘していますが、営業担当というのは、訪問しやすいお客さんについつい通ってしまいます。行きやすいお客さんのところにしか行かないというのは、典型的な数字がつくれないパターンなのです。

あるいは、もしあなたがベテラン社員で、大口ユーザーを運よく担当できていれば、その特定のお客さんに通い続けることで数字をつくることができるでしょう。しかし、そのままではマンネリに陥り、自らの成長はありません。

それに、特定の大口ユーザーにしか行かなければ、自社の顧客数は増えません。そうなれば新人も採用できないし、採用しても育ちません。そんな悪循環にはまり込むと、自分自身の首を絞めることになるのです。

◎大事なのは、関係性の薄いお客さんへの継続訪問

すでに関係性ができ上がっているお客さんに対して、継続訪問を行うのは当たり前の話です。関係性は薄いけれども購買力のあるお客さんに対して、いかに継続訪問をしていくか、ということを考えたいのです。

たとえば、新規開拓当初のお客さんというのは、2回目、3回目の訪問はしづらいものです。さらに、そのお客さんがそこそこの事業規模で、購買力が高いとなれば競合企業の営業担当ががっちり守っていることでしょうから、継続訪問はむずかしいでしょう。

しかし、そうしたお客さんこそ、継続訪問ができる関係に持っていかなければならないのです。逆に、気軽に継続訪問ができる関係にまでなれば、そのお客は自分にとってのVIPユーザーとなるのです。

では、どういう動きをすれば、関係性の薄い状態から、継続訪問ができる状態にまで持っていけるのでしょうか？　次項で考えてみましょう。

◆関係性を深めていくのが営業担当の仕事◆

関係性の深いお客さんの場合

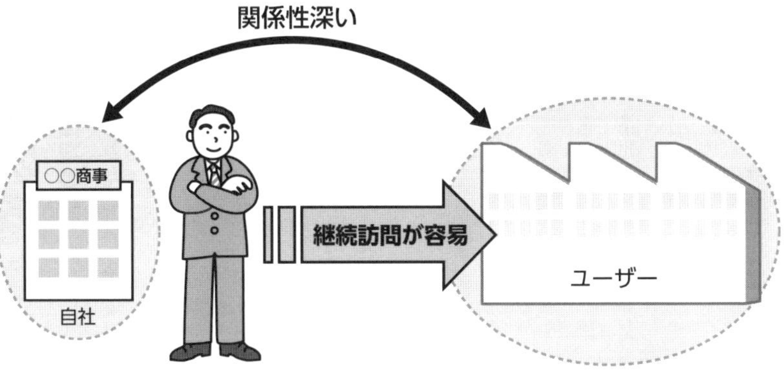

●自社と関係性の深いお客さんであれば、継続訪問は容易にできる
●したがって、継続訪問を行っていくのは“当たり前”のこと

関係性の薄いお客さんの場合

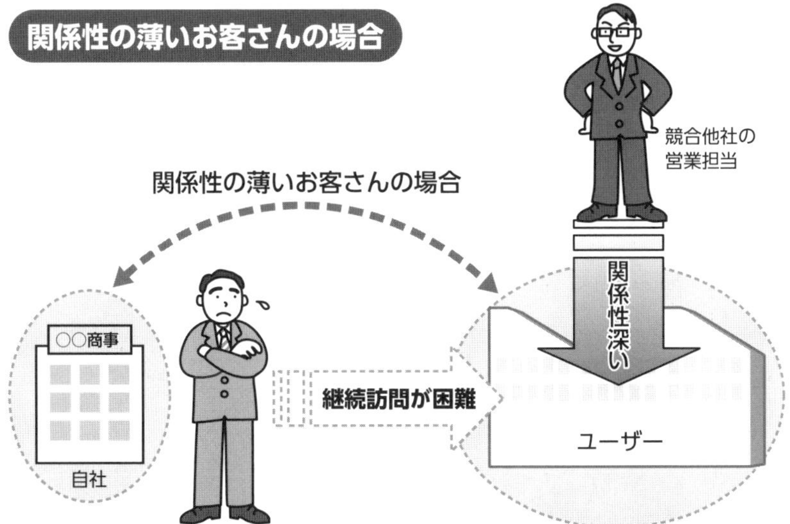

●自社と関係性の薄いお客さんは、継続訪問が困難（＝いわゆる行くネタがない状態）
●しかし、そこを継続訪問ができる関係、すなわち関係性を構築していくのが営業担当の仕事!!

32 継続訪問につなげるポイントは〝宿題〟をもらうこと

◎〝宿題〟があれば次の訪問がしやすい

関係性の薄いお客さんに対して継続訪問につなげるポイントは、初回訪問の段階で何らかの〝宿題〟をもらう、ということです。

お付き合いの深いお客さん、すなわち関係性の深いお客さんであれば、とくに意識しなくても何らかの宿題をもらうことができます。たとえば、「以前納入してもらったコンプレッサーの、メンテナンスの見積りを出してくれない？」とか、「30Kgf可搬くらいのロボットのカタログを持ってきて」といった具合です。

これは、昔からの付き合いで商売の流れができていて、お客がこちらのことを信用し、こちらの得意分野のことをわかっているからです。このように、関係性の深い既存顧客の場合は、訪問するたびに、あるいは訪問することがなくても何らかの宿題がもらえるため、訪問できるということなのです。

◎宿題をもらう仕掛けは情報発信すること

ところが関係性の薄いお客さんは、こちらのことをまだ信用していないし、こちらの得意分野もよくわかっていません。そうしたなかで宿題をもらおうと思ったら、何らかの仕掛けが必要です。この仕掛けの中身は、お客さんが喜ぶような情報発信をするということです。

たとえば、工作機械を扱う営業担当の場合であれば、最新の機械で加工を行い、加工時間短縮でコストダウンに成功した事例を紹介します。そこでそのお客さんが、「ウチの部品でも加工時間が短縮するのかな…」と言われた場合、「もしよろしければ、テスト加工してみましょうか？」とつなげられれば、それで宿題がもらえたことになり、次回訪問がラクにできます。

実は、この宿題をもらうという行為は、数字をつくるための重要なステップなのです。左を見てください。

売上をつくるためにはまず受注が必要です。さらに受注を取る前に、商談をつくらなければなりません。商談をつくるためには何らかの宿題をもらうことが必要で、そのためには訪問前の準備、すなわち仕掛けが必要になってくるのです。

◆数字をつくるステップ◆

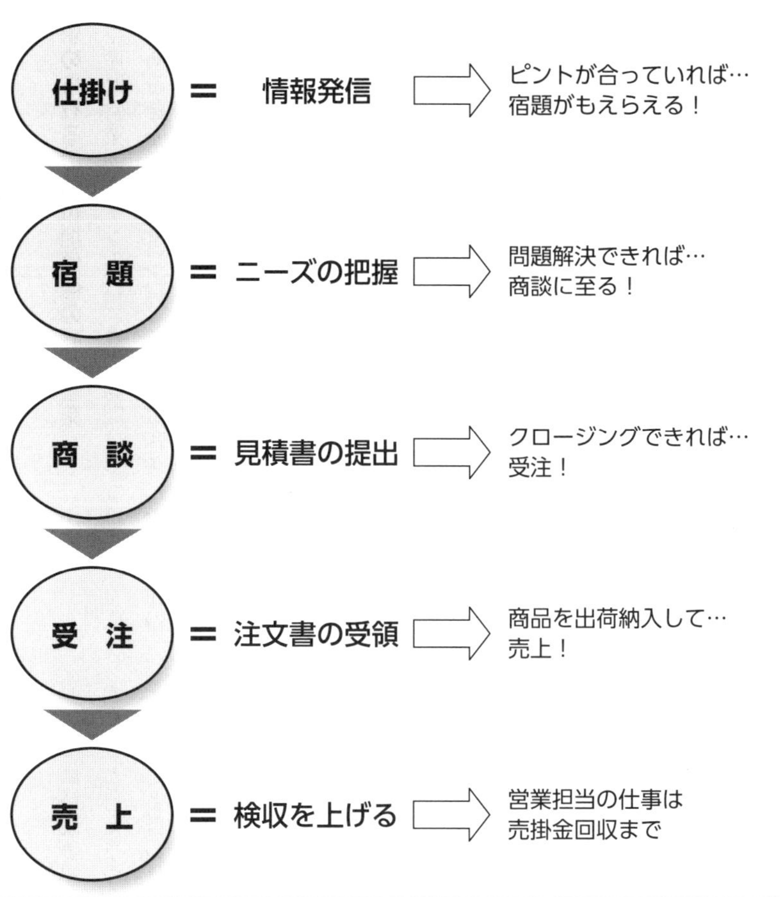

①仕掛け（情報発信）を行い、ピントが合っていれば宿題をもらえる

②宿題とは、すなわちお客さんのニーズと考えられる。このニーズを満たすこと（問題解決）ができれば信用が得られ、商談に至る可能性が上がる

③具体的な商談となれば見積書を提出し、クロージングができれば受注となる

④注文書を受領した時点で受注。商品納入後、検収がきちんと上がれば売上（売上を出荷基準とする会社もあるが、原則は検収後と考える）

⑤営業担当の仕事は売掛金を回収するところまで、手形であれば期日がきて現金化するまで

33 「問題解決営業」をマスターしよう

◎求められるのは付加価値の高い営業

生産財営業のポイントは、継続訪問につなげていくことであると先に述べました。新規のお客さんや関係性の薄いお客さんに対して、いかに継続訪問につなげていくかがポイントになります。

しかし、継続訪問しようとするのはこちらの都合であって、お客さんは忙しく仕事をしているわけです。つまり、お客さんが仕事の手を止めてでも、こちらの話を聞いてくれるような、付加価値の高い営業をしなければなりません。先ほど述べた情報発信を行うというのも、営業で付加価値を上げていく基本中の基本なのです。

さらに、価格競争を回避できるレベルまで営業の付加価値を高めるためには、お客さんの抱えている悩みを解決できるような情報発信を行う、言い換えれば提案を行うという営業スタイルが理想的なスタイルになります。

◎価格競争を回避し、関係性を深めるために

このような営業スタイルのことを、「問題解決営業」と言います。生産財営業にかかわらず、あらゆる業界において価格競争を回避し、関係性を深めていくための営業手法と言えます。よく、営業のコツは人間関係を構築することと言われます。では、人間関係をつくるためには何をすればいいのでしょうか？

ゴルフなどの接待でしょうか？　違います。ゴルフなどの接待を行っている時点で、すでに人間関係はできているからです。人間関係を構築するためにも、日頃から問題解決営業を心がけていかなければならないのです。

問題解決営業を進めていくプロセスを左に示します。この問題解決営業のプロセスは、「営業の事前準備」と「実際の営業活動」から構成されています。「営業の事前準備」のうち、ターゲティングと行動計画については3章で述べたとおりです。

一般に「仕事は前段取りで7割が決まる」と言われますが、営業活動も例外ではありません。実際の営業活動以上に事前準備が必要です。とくに情報収集と仮説構築というのは、事前準備の中でも重要なプロセスとなります。次項以降に各プロセスの詳細を述べます。

◆問題解決営業のプロセス◆

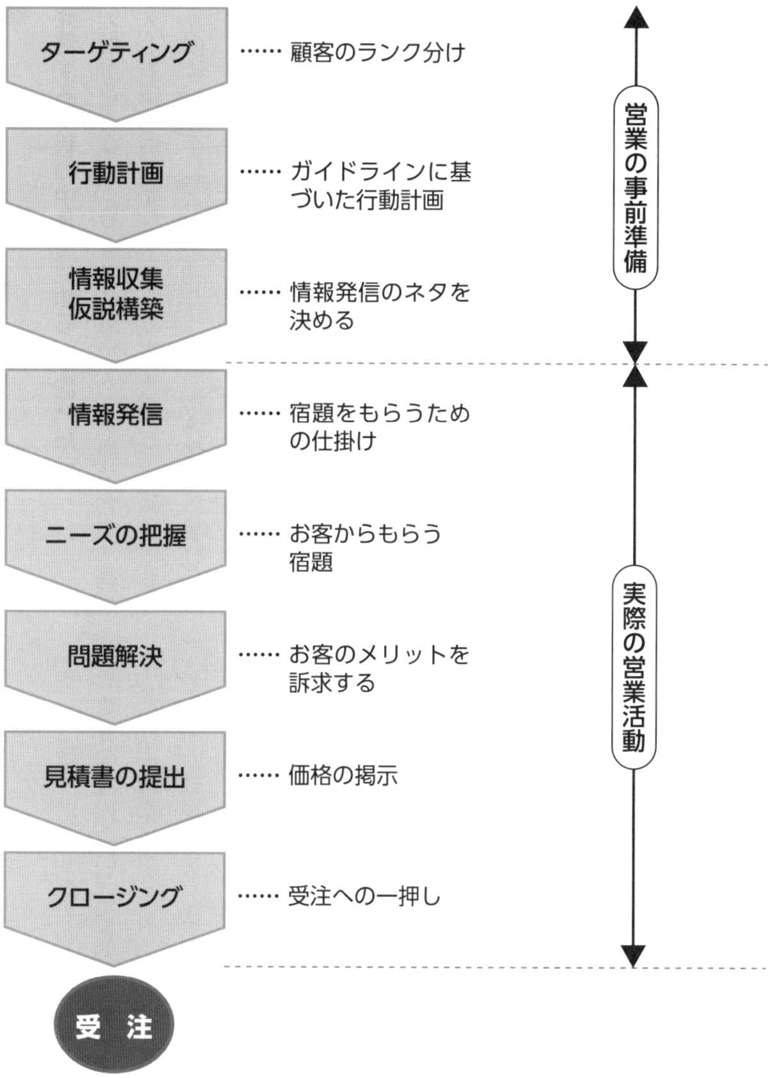

- ターゲティング …… 顧客のランク分け
- 行動計画 …… ガイドラインに基づいた行動計画
- 情報収集 仮説構築 …… 情報発信のネタを決める

（営業の事前準備）

- 情報発信 …… 宿題をもらうための仕掛け
- ニーズの把握 …… お客からもらう宿題
- 問題解決 …… お客のメリットを訴求する
- 見積書の提出 …… 価格の掲示
- クロージング …… 受注への一押し

（実際の営業活動）

受　注

●問題解決営業のプロセスは、営業の事前準備と実際の営業活動から構成される
●仕事は前段取りで７割が決まる。営業活動も例外ではない。つまり、実際の営業活動以上に事前の準備が重要になってくる
●事前準備でとくに意識して行わなければならないのが「仮説構築」
●実際の営業活動は、「情報発信」からスタートする

34 「仮説構築力」を上げる方法

◎発信する情報の中身を決める「仮説構築力」

問題解決営業のプロセスにおいて、実際の営業活動のスタートは「情報発信」からですが、この情報の中身というのは、相手にとってメリットのある情報、値打ちのある情報でなければなりません。

では、どんな内容の「情報発信」であれば、相手にメリットがあるのでしょうか。「そんなの、訪問してみなければわからない」と言っていてはダメなのです。最低限の「情報収集」で得られた情報をもとに、その会社のニーズを想定し、情報発信の中身を決めるのです。

このときに必要になる力が、「仮説構築力」です。「仮説構築力」については、２章でも説明したとおりです。ここでは、どうすればこの「仮説構築力」を上げられるかを説明したいと思います。

◎仮説構築力を上げるサイクルを回す

「仮説構築力」を上げるためには、左の「仮説構築力を上げるサイクル」を回していくことが必要です。たとえば、ターゲット企業がＩＳＯ２２０００を取得していたとします。その場合は、たとえば環境に考慮した商品や環境関連の新聞記事などを持参するのです。

それを情報発信して、お客さんの反応を見れば、自分の立てた仮説が正しかったか、が検証できます。仮に自分の仮説が間違っていた（つまり、お客さんの反応がいまひとつだった）としても、次回からの情報発信の精度をより上げていけばいいのです。

「訪問してみなければわからない」と、手ぶらでアポなし訪問をして、門前で追い返されるのは最悪のパターンです。多少仮説が間違っていてもいいので、とにかく事前に情報発信の準備をしてから訪問します。事前に十分な情報収集ができるケースはごく稀です。ターゲット企業のＷｅｂサイトがあればまだよいほうで、その企業の外観しかわからないケースもあるでしょう。

それでも、「この企業にはこんなニーズがあるはずだ」という仮説を立てて準備を行い、アポを取って訪問し、情報発信を行って自分の仮説を検証する、という作業を繰り返すことが、仮説構築力を上げていくのです。

◆仮説構築力を上げるサイクル◆

プロセス	プロセスの内容	目的
情報収集	情報収集の手段として考えられるのは、 ①Ｗｅｂサイト ②興信所データ ③その会社・工場の外観 ④リース会社・銀行筋からの情報 ⑤その他、出入業者からの情報	ターゲットの現状把握
仮説構築	どんな情報発信をすれば、相手にとってメリットがあるのかを考える。 つまり、お客がどんなニーズを持っているのか想定し、そのニーズを満たせるような情報発信の中身を決定する。	お客が抱えるニーズの想定
検　証	実際にお客に情報発信を行い、相手の反応を見る。 「それはおもしろいね」と乗ってきたら仮説は正しく、「ウチの場合は違うんだよね」と否定されたら仮説が間違っていることがわかる。	仮説の正しさを検証する
仮説の補正	仮説が正しければ、「あのタイプのお客にはこの情報発信がいいな」とパターン化する。 仮説が間違っていれば、なぜそれが間違っているのか整理し、次から同じ間違いを繰り返さない。	より正しい仮説の構築

このサイクルを繰り返して仮説構築力を上げる

35 「情報発信」は何のために行うか

◎"手ぶらで訪問"は最悪

さて、いよいよ実際の営業活動のプロセスに入ります。実際の営業活動のスタートは、あらゆる業種の営業活動において、まず情報発信からです。それだけ、情報発信が重要だということです。

売れない営業担当によく見られる傾向として、客先に「手ぶらで訪問する」ということが挙げられます。「手ぶらで訪問する」というのは訪問目的が不明確であるということの裏返しです。

ルートセールスだからと言って、訪問目的があいまいな状態で訪問して、商売につながるはずはありません。

◎返ってくる反応でニーズをつかむのが目的

注意していただきたいのは、情報発信の目的はその商品を売り込むことではないということです。その商品を購入した結果、得られる利益を相手に理解してもらい、そこから新たな引合い、何らかの宿題につなげることが目的なのです。

たとえば左の例の場合、初めは新商品の切削工具（鉄を削る刃物のこと）をPRすることにより、加工時間短縮に結びつく情報発信を行っています。しかし、その情報発信を行った結果、真の顧客ニーズは段取り時間（加工対象となる材料の取付け・取外しに要する時間）の短縮ということがわかりました。

このように、相手にボールを投げると何らかの形で先方から反応が返ってきます。そこから顧客ニーズをつかむことが、情報発信の目的なのです。まずはこちらから何らかの形でボールを投げないと、相手から答え（すなわちニーズ）が返ってくることはないのです。

仮にその情報発信がピント外れだったとしても、言い換えれば顧客にその情報に対するニーズがないということが明確になるわけで、先述の仮説構築力を上げるサイクルの中における、情報収集の材料になります。その結果を踏まえて、次回の情報発信ではより精度を高めていけばいいのです。

さて、そうした情報発信ですが、効果的な情報発信を行うためには、次項のようなテクニックがあります。

◆情報発信の目的◆

情報発信 ⇒ ニーズの把握

新商品の切削工具をお使いいただくと、加工時間が短縮できます
⇒情報発信
加工時間の短縮よりも、チャックの爪交換なんかの段取り替えを短縮したいんだよね。うちは超多品種少量だから…
⇒ニーズの把握
営業担当
切削工具カタログ
お客

問題解決

このクイックチェンジチャックは、爪交換を1分以内で繰り返し、精度も1／100以下です
⇒問題解決
へえ。そんな精度のクイックチェンジチャックがあったんだ！！うちの場合、日に3回も爪交換しているから、90分近くの段取り時間短縮になるな!!
営業担当
チャックカタログ
お客

……「情報発信」の目的は、決してその商品自体を売り込むことではない。情報発信することによって顧客ニーズを把握し、最終的にそれを満たす提案、「問題解決提案」を行うことが目的

36 「セリングポイント」と「バイイングポイント」

◎効果的な三つのステップ

情報発信は、「その商品の特徴」「その商品の利点」「その商品の利益」の3ステップで行うのが効果的です。ではなぜ、この3ステップで行うのが効果的なのでしょうか？　それは、情報発信を行うことで、最終的に顧客から得たいのは「賛同」だからです。

ある調査によると、その商品の「特徴」を語ると、顧客の反応は「価格への関心」になりがちだと言います。次にその商品の「利点」を語ると、顧客の反応は「反論」になりがちになります。しかし、その商品を購入して得られる「利益」を語ると、「賛同」を得やすいのです。

たとえば、高機能ミキサーを主婦に売り込むとします。まず、「これは、従来にない高出力モーター内蔵で、かつ安全対策も万全です」と「特徴」を語ると、主婦は「高性能なら高いんじゃないの…」と「価格への関心」を持ちます。そこで、「ですから、どんな野菜もあっという間にジュースになります」と「利点」を語ると、「野菜ジュースを買えばいいわ…」と「反論」を考えます。

しかし、「ご主人もそろそろ健康に気をつけなければならない年齢ですから、こうした野菜ジュースをご自宅で継続してつくることが成人病予防になります」と、相手にとっての「利益」を語ると、主婦は「なるほど、たしかにうちの主人も40歳過ぎているし、いま倒れられたりでもしたら…」と、「賛同」が得られるわけです。

◎重視すべきは「バイイングポイント」

この、「特徴」「利点」のことを「セリングポイント」、「利益」のことを「バイイングポイント」と言います。セリングポイントは、顧客のことを知らなくても話せます。しかしバイイングポイントは、顧客のことを知らなければ話すことはできません。バイイングポイントを語るというのはまさに、「相手の立場に立つ」ということに他なりません。だからこそ、売り込み色を消すことができ、「賛同」を得ることができるのです。

ですから、常に顧客ニーズを把握して、相手にとってのバイイングポイントを意識することが、効果的な情報発信につながるのです。

◆訴求すべきはバイイングポイント◆

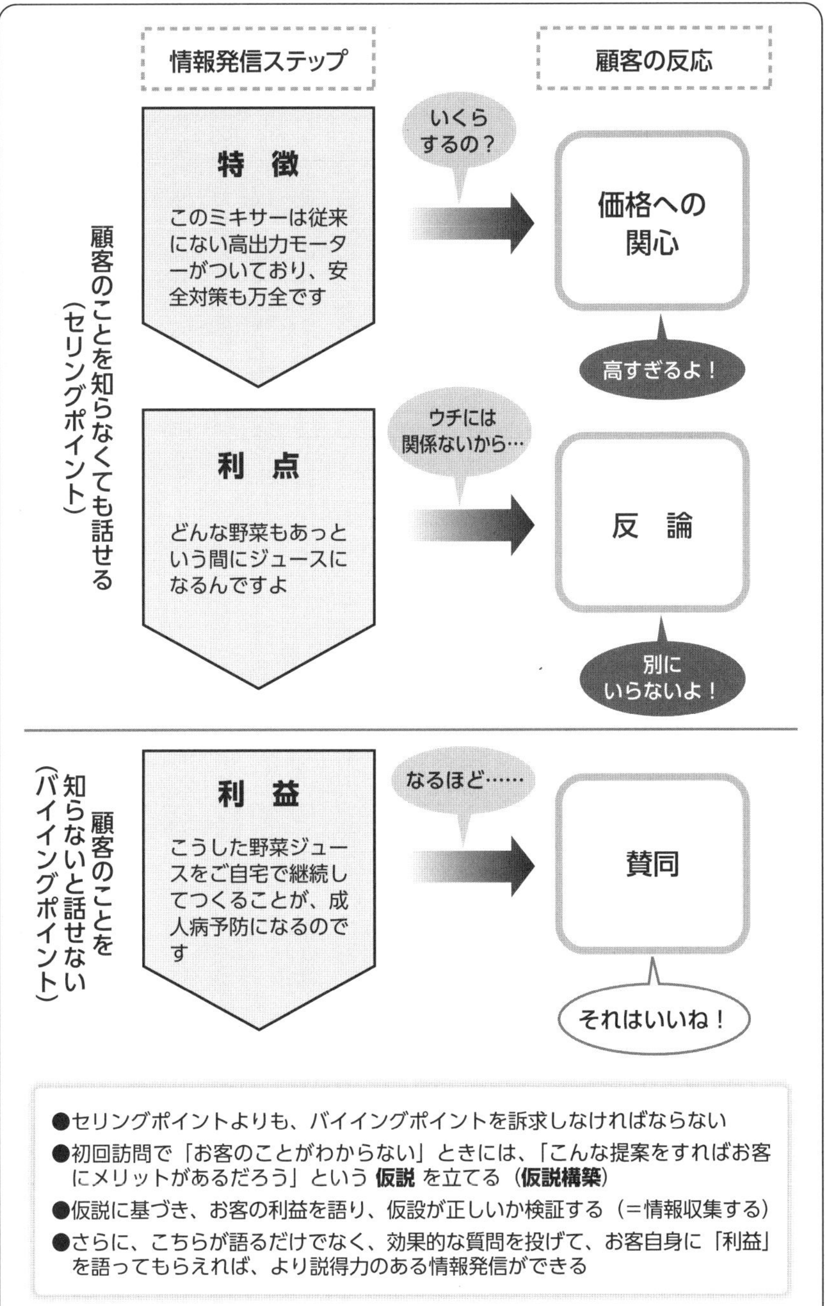
情報発信ステップ
顧客の反応
顧客のことを知らなくても話せる（セリングポイント）
特　徴
このミキサーは従来にない高出力モーターがついており、安全対策も万全です
いくらするの？
価格への関心
高すぎるよ！
利　点
どんな野菜もあっという間にジュースになるんですよ
ウチには関係ないから…
反　論
別にいらないよ！
顧客のことを知らないと話せない（バイイングポイント）
利　益
こうした野菜ジュースをご自宅で継続してつくることが、成人病予防になるのです
なるほど……
賛同
それはいいね！
●セリングポイントよりも、バイイングポイントを訴求しなければならない
●初回訪問で「お客のことがわからない」ときには、「こんな提案をすればお客にメリットがあるだろう」という **仮説** を立てる（**仮説構築**）
●仮説に基づき、お客の利益を語り、仮設が正しいか検証する（＝情報収集する）
●さらに、こちらが語るだけでなく、効果的な質問を投げて、お客自身に「利益」を語ってもらえれば、より説得力のある情報発信ができる

37 「ニーズ把握」と「問題解決提案」

◎お客のニーズにはいろいろな次元がある

お客はさまざまなニーズを持っています。生産財ユーザーである製造業も同様であり、そのニーズの中には、QCD（品質・コスト・納期）向上につながる高い次元のニーズもあれば、単なる雑用的な低い次元のニーズもあります。この低い次元のニーズだけを満たすような動きをする営業のことを、「御用聞き」と言います。

「御用聞き」的な動きだけでは、他社との差別化は図れません。なぜなら、低い次元のニーズであれば、だれでも問題解決が図れるからです。他社と差別化が図れないと、価格競争に巻き込まれることになります。加えて、低い次元のニーズというのは、なかなか自社の利益になるような商談につながらないものです。

お客は、相手を見て相談してきます。ふだんから、「この人ならビジネス上の課題を相談できるな…」と思わせるような動き（＝情報発信）をして、自分自身のブランド化を心がけないと、高い次元のニーズ、つまり本当に商談につながるようなニーズは把握できないことを、頭に入れておくべきです。

◎把握したニーズに叶った提案をする

そして顧客のニーズを把握したら、次に問題解決提案を行います。問題解決提案とは具体的に、次のようなことを言います。

(1) 購入に対する不安を取り除ける提案
(2) 購入の意思決定に際して、参考となる材料の提案

たとえば、生産技術の担当者に「省エネタイプ10馬力インバーターコンプレッサー」の情報発信をしたとします。それに対して設備担当者から、「いまは要らない。それより、来月新しい設備が入ってくるので、その設備専用に1馬力のコンプレッサーがほしい。音が静かなのは、どのメーカーの？」といった質問がありました。

つまり、顧客のニーズは「1馬力で音が静かなコンプレッサー」ということだとわかるわけです。これに対して、「それでしたら、音が静かなスクロールタイプですからK社の製品がベストですよ」と提案、アドバイスを行います。これが問題解決提案になるのです。

◆顧客ニーズの実際◆

ビジネス上の
課題・悩み
相談したところでムダ
だと思っている相手
本当に抱えている悩み
を相談できる相手
近くまで来たもので…何かありませんか？
もしよろしければ、ご参考までに…こちらの商品は…
ワイヤカット
カタログ
御用聞き型営業担当
問題解決型営業担当

〈問題解決型営業担当へのニーズ例〉

●もっとコストの下がる加工方法はないか？
●ロボットを活用して省力化コストダウンができないか？
●この人（この会社）とは付き合っておいたほうがいいな

〈御用聞き型営業担当へのニーズ例〉

●安くしてくれればいいよ！
●参考で相見積りでも取るかな……
●別にほかの人（他の会社）からでも買えるからな

38 大手企業の購買プロセスを知る

◎規模が大きくなると購買に関わる人も増える

さて、「問題解決提案」を行ったら、次に「見積書提出」というステップに入ることになります。見積書の作成・提出テクニックについては後ほど詳しく述べますが、ここで法人、とくに大手企業がどのような購買プロセスを経て商品（われわれが売り込む生産財）を購入するのか、その点について述べていきたいと思います。

たとえば、従業員15人以下レベルの小さな会社であれば、社長の購買意思を確認し、こちらの注文書に先方の社印・ゴム印を捺印してもらって基本的には完了です。

しかし、従業員が１００人を超えるような会社になると、実際に導入設備を使用する立場の製造部門とは別に、設備導入・検討を担当する生産技術部門があります。

生産技術部門とは、社内設備の改善・改良・効率化を検討し実行していくスタッフ部門ですが、会社の規模がある一定以上になると、このようなスタッフ部門が置かれます。会社によっては、製造部門の中にこうした担当者が設置されるケースもあるし、保全部門（工場設備のメンテナンスを担当する部門）の中に担当者が設置されるケースもあります。

さらに、導入設備の価格検討を担当する資材部門が置かれていて、名称は会社によって資材・購買・調達と異なりますが、生産技術部門が技術的な観点で設備選定をするのに対し、資材部門は「いかに安く買うか」という観点で価格交渉（＝価格ネゴ）をかけてきます。

◎キーマンを押さえつつ、他の担当者にも目を配る

このように、大手企業になってくると設備購入に関与する部門・担当者が増えてきます。これら各担当部門の担当者のうち、設備導入選定に最も力を持つ人のことをキーマンと呼びます。キーマンが誰なのかをあぶり出し、その人物と深い関係を築き上げることが、成約に至るための最大のポイントと言えます。

しかし、キーマンだけをフォローすると、他部門から反発されます。キーマンだけでなく、先述の各関係部門の担当者とバランスよくコンタクトを取るのが、最善の策と言えます。

◆大手企業の生産財購買プロセスの例◆

1 生産技術部門による検討

設備導入を担当する部門（一般的には生産技術部門）が、必要となる設備の要求仕様を決定し、複数のメーカーに対して製作仕様および見積書の提出を依頼、比較検討する

2 製造部門を交えての検討

導入した設備を実際に使用する部門（一般的には製造部門）を交え、価格、設備の性能、実際の使い勝手等を加味して導入可否の検討、さらに導入対象設備の決定を行う

3 購入稟議の上申

導入対象設備が決定したら、購入稟議を上申する。導入対象設備が要求仕様を満たしており、かつ価格が予算内であることが稟議上申の要件となる

4 資材部門による価格ネゴ

設備価格を予算内にするために生産技術部門でも価格ネゴがあるが、さらに資材部門からも価格ネゴを受ける。このときのポイントは、競合他社との価格差になる

5 経営トップによる意思決定

生産技術部門において設備仕様が決められ、資材部門において設備購入価格が決められる。それを購入するか否かを、経営トップが最終意思決定する

6 発注

いわゆる購入稟議が関係各部署を回り、最終的に経営トップが承認すれば発注となる。発注が正式に決まれば注文書が発行される

39 「クロージング」のテクニック

◎商談から受注に至らせるアクション

「クロージング」とは、商談から受注に至らせるためのアクションのことで、要はお客さんに対して、「注文をください」と働きかけることを示します。

クロージングのかけ方としては、次のようなものがあります。

①納期作戦…見積書提出後に、「そろそろご注文をいただかないと、納期的に間に合いませんが…」とクロージングをかける作戦です。クロージングの正攻法と言っていいでしょう。

②期末作戦…「期末で会社からも売上の上積みを言われておりまして、今期中に納めさせていただけるのでしたら、さらに○%値引が可能です…」とクロージングをかける作戦です。見積書提出の段階から、あらかじめ値引の余地を残した価格提示が必要です。

③キャンペーン作戦…「来月の展示会に向けてキャンペーン中です。展示会までのお買上げでしたら、さらに3%値引が可能です…」とクロージングをかける作戦です。先述の期末作戦同様、見積書提出の段階から、あらかじめ値引の余地を残した価格提示が必要です。

◎自分自身の値打ちを落とさないように留意する

クロージングを行う際に気をつけなければならないことは、自分自身の値打ちを落とさないようにしなければならない、ということです。

「何だ、数字に困っているのか」「しつこい奴だな」などと思われたら、大きなマイナスになります。その商談は成約に至るかもしれませんが、今後の継続訪問に悪い影響を与えることになります。

クロージングをかけなくても、注文が来ることもあります。

しかし、ライバルと競合している場合、また今月の数字、あるいは今期の数字が足りない場合は、クロージングをかけて早期決着しなければなりません。

お客も購入するに当たって、背中を一押しされるのを望んでいるケースもあります。クロージングも、営業担当にとっては必須のテクニックと言えます。

◆クロージングは商談の仕上げ◆

クロージングとは、商談から受注に至らせるアクションのこと。とくにこちらからクロージングをかけなくても受注できるケースもあるが、主体的な営業活動を行ううえでは必須のスキルであると言える

クロージングのトーク例

1 納期作戦

●「先日提出させていただいたお見積書の件なのですが、そろそろ手配をかけませんと納期的に厳しくなるのですが、稟議のほうはどのような雰囲気ですか？」

●「では、私のほうで商品は確保しておくようにいたしますので、来週中には内示だけでもいただけないでしょうか？」

2 期末作戦

●「通常はこの価格でのお見積りとなるのですが、もし今期中に納入させていただけるのでしたら、さらにこの金額から５％の値引が可能になります」

●「会社のほうからも予算必達に向けてハッパをかけられておりまして、いまのタイミングでしたら、値引に関しましても上司の許可が取れると思いますので、この金額で決定いただけませんか？

3 キャンペーン作戦

●「来月末の展示会に向けてキャンペーンを張っておりまして、展示会終了までのご発注でしたら、通常価格からこちらのキャンペーン特別価格にさせていただくことができます」

●「そうですね、社内的に文書が必要なものですから、内示の旨、メモでも結構ですからいただければ、こちらの特別価格にさせていただきますが、いかがでしょうか？」

【クロージングの際に注意すべきこと】

●「しつこい奴だ」と思われないようにすること。「しつこい」と思われると、次から引合いがこなくなる恐れがある

●自分自身が数字に困っている、と思われないこと。「仕入先からしつこく言われまして」といったように、自分自身が困っているわけではないことを強調する

●値引をする際には、必ずその根拠を明確にすること。「それなら、初めから安く価格提示してよ」と思われたらマイナス

40 とにかく情報発信を続けよう！

◎相手の利益につながる情報提供を心がける

本章の最初にも述べましたが、法人営業を成功させるための鉄則は、継続訪問につなげるということです。

そのためには訪問するための理由が必要で、その理由づけのためにも、顧客の利益につながるような情報発信をしなければなりません。

とくに、生産財営業で相手が製造業、工場ともなれば、相手は貴重な時間を割いて面談してくれていると考えなければなりません。ですから、その貴重な時間を割くに足りるだけの情報提供をしなければなりません。

効果的な営業を進めるためのポイントとして、お客さんが興味を示しやすい商品のカタログを数点、常にカバンの中に入れておくことが挙げられます。

しかし、情報発信の中身は、必ずしも商品カタログである必要はありません。その会社が興味を持ちそうな新聞記事の切り抜き、雑誌のコピーでもいいわけです。

たとえば、顧客がＩＳＯ１４０００を取得しているのであれば、同規模他社の環境対策への取組みを紹介する記事のコピーでも、京都議定書の特集記事コピーでもいいわけです。また、その業界の著名な経営者の特集記事等でもいいでしょう。

こうした、トピックになりそうな記事のコピーも数点、常にカバンに入れて持ち歩きます。ですから、生産財営業をする以上、日経新聞の朝夕刊の購読は必須。できれば日経産業新聞、日刊工業新聞、その他業界誌を、自腹を切ってでも購読するべきです。そうした自分への投資は、必ず自分の身に返ってきます。

◎チームとして取り組むことも大切

また、営業初心者の場合は、どの顧客にどのような情報発信をすればいいのかわからないということがよく見られます。そのような場合は、左のようなチェック表を活用して、営業ミーティングの中で議論します。

「活動テーマ」の中身のひとつが、どのような情報発信をするか、ということになります。情報発信の中身を考える、すなわち仮説構築を１人でするのではなく、チームで行っていくことをお勧めしたいと思います。

◆「月間活動チェック表」の例◆

月間活動チェック表　　年　月度

部課名：　　　　担当：

	企業名	訪問部署	総合ランクSABC	売上目標	売上実績	達成度(b/a)	目標訪問回数	実績訪問回数	対応度(d/c)	先月の活動と反省	今月の活動テーマと目標
定期訪問											
新規開拓											

5章

営業力アップにつながる「新規開拓」

——顧客の補充にとどまらず、既存顧客も活性化する

41 なぜ、「新規開拓」が必要なのか

◎「新規開拓」は顧客を補充するだけではない

「新規開拓」のテクニックを述べる前に、なぜ新規開拓が必要なのかを考えてみたいと思います。

新規開拓が必要な理由としては、「既存顧客も徐々に減少するので、顧客の補充が必要」ということが一般に言われます。しかし、新規開拓に取り組まなければならない理由は、それだけではありません。新規開拓への取組みと業績との間には、明確な相関関係があります。それを実際のデータで確認しておきましょう。

左図を見てください。これは、全国に24拠点を持つある生産財商社において、2年間に各拠点が何回予算達成したのかを示したものです。

この商社は半期ごとに業績評価をしていますから、最も成績のよい拠点は、合計4回予算を達成することになります。また、各拠点における営業ミーティングの実施頻度、さらに各拠点長の新規開拓への認識の違いを、表に示しています。

◎既存顧客の活性化にもつながる

図からは、以下のようなことがわかります。

(1) すべての期において予算達成した拠点は、新規開拓を重視しており、組織的に取り組んでいる

(2) 逆に予算達成回数の少ない拠点は、新規開拓よりも既存顧客を重視している

(3) すべての期において予算達成した拠点は、ミーティングを重視しており、週に1度は実施している

つまり、拠点における新規開拓への取組み状況と業績(予算達成回数)との間には、何らかの相関関係があり、また、組織的に新規開拓を行う結果、営業ミーティングの頻度も高いと見ることができるでしょう。

さらにおもしろいことに、すべての期において予算達成した拠点を調べてみると、新規開拓先の売上はもちろんですが、それ以上に既存顧客での売上アップ率が大きくなっているのです。つまり、新規開拓を推進することによって、既存顧客の活性化につながっているわけです。

なぜ、このような現象が起きるのか、次項で見てみましょう。

◆新規開拓への取組みと業績には関連がある◆

2年間での予算達成回数		4回		3～2回		1～0回	
営業所数		8		11		5	
営業ミーティングの実施状況	毎週実施	5	63%	7	64%	2	40%
	月に1回実施	2	25%	3	27%	1	20%
	不定期に実施	1	13%	1	9%	3	60%
拠点長の新規開拓への認識	重視して組織的に実施	5	63%	4	36%	0	0%
	重視しているが個人任せ	3	38%	7	64%	2	40%
	既存顧客を守るほうがよい	0	0%	1	9%	3	60%

※ある企業における営業所別、予算の達成回数と営業ミーティング、新規開拓実施度合の関係

- 2年間での予算達成回数の多い営業所ほど営業ミーティングを実施しており、さらに新規開拓に取り組んでいることがわかる
- 逆に業績の悪い営業所ほどミーティングが不定期で、さらに新規開拓も取り組んでいない
- 新規開拓への取組みと業績との間には、明確な関連性がある

42 新規開拓をしなければ営業力は上がらない

◎新規開拓と問題解決営業とは不可分の関係

「なぜ、新規開拓によって既存顧客の活性化につながるか」と言うと、「新規開拓を推進することで、営業力が上がる」からです。

「営業力」とは、「いかにその人からしか買えなくさせるか、という力」のことです。言い換えると、「価格競争を回避する力」であり、価格競争の回避は営業の鉄則です。そのためには、人間関係を構築してお客から信用・信頼される関係をつくることが必要であり、その前提には問題解決営業を行っていくということが必要です。

「問題解決営業」とは、顧客のニーズに対して仮説を立てて情報発信を行い、お客のニーズを把握し、それに対する問題解決を行う営業手法のことでした。

問題解決営業を継続して行うことにより、お客から信用と信頼を勝ち得て人間関係を築くことができます。つまり、自分自身の「問題解決力」を上げることが、自分自身の「営業力」を上げていくことにつながるのです。

◎競合の激しさが営業力をアップさせる

このような「問題解決営業」というスタイルが絶対に求められるのが、新規開拓の場です。新規開拓の場合、そのお客にはすでに他の業者が入り込んでいるため、よほどそのお客に対してのメリットが示せないと、取引してもらうことはできません。

しかし既存客への営業の場合、必ずしも「問題解決営業」というスタイルを採らなくても、数字はつくれます。なぜなら、商売の流れができているからです。つまりこちらが何を扱っており、何を得意としているかお客の側がよく知っているからです。

そうした過去からの商売の流れ（＝ルート）は、こちらが問題を起こすか、競合に腕ききの営業担当がいない限り、突然大きく変わることはまずありません。

つまり、「新規開拓」を行い、それを成功させることが何よりも「営業力」を上げていくことにつながる、ということなのです。

「新規開拓」は、「営業力」を上げるための必須トレーニングとも言えるのです。

◆既存客と新規開拓を比較すると◆

既存客の場合

新規開拓の場合

●既存客の場合、営業担当の営業力が低くても、それなりの取引はしてもらえる
●しかし新規開拓の場合は、営業力が低いと門前払いされる。新規開拓の場合は相手にメリットを感じさせる何か（＝問題解決力）を訴求できなければならない
●つまり、既存客に訪問しているだけでは営業力は上がらない。新規開拓のプロセスを通じて、営業力は上がる

43 新規開拓のプロセスを知ろう

◎飛び込みよりも電話でのアポ取りが効率的

では、新規開拓はどのようなステップで進めればいいのでしょうか？　左に新規開拓のプロセスを示します。

新規開拓を進めるうえでまずポイントになるのが、「電話でアポを取るか、アポなしで飛び込むか」ということです。私は自分自身の経験から、飛び込みよりも電話でのアポ取りをお勧めします。

実は私は、船井総研で経営コンサルタントをする前、ある機械商社に勤めていました。そこに入社して最初の2年間くらいは、技術部門で技術スタッフとして働いていたのですが、その部署が不景気の煽りを受けて解散になり、工作機械の営業部門に異動となりました。

そうした経緯もあって担当先もなく、上司からは「新規開拓で自分の客をつくりなさい」と、東大阪の商工会議所の会員名簿を渡され、初めは飛び込み訪問をしたり電話でアポを取ったり、試行錯誤を繰り返しました。

そこで発見したのは、「電話でアポが取れないところは、飛び込んでも相手にされない」ということです。つまり、時間をかけて飛び込み訪問をするのではなく、集中的に電話をかけてアポが取れたところにだけ訪問したほうが、断然効率がよかったのです。

そのように新規開拓を続けた結果、3ヵ月後に初受注ができ、さらに偶然もあって、半年後には部署の中で単月トップセールスになれたのです。私は新規開拓での成果が認められ、会社からも担当先を持たせてもらうことができ、安定的な数字がつくれるようになりました。

◎営業力アップのためにもアポ取りが有効

飛び込み訪問は仕事をしているような気分にはなりますが、明らかに非効率的です。最近では工場のガードも固くなっていますから、従業員50人以上の工場ともなれば、アポを取らなければ相手にもされないでしょう。

また、飛び込みよりも電話でアポを取ることのほうが営業力を必要とするため、自分自身の営業力を上げるためにも、電話でのアポ取りを行うべきなのです。

ですから、本書では電話でアポを取ることを前提とした新規開拓手法を述べていきたいと思います。

◆新規開拓のプロセス◆

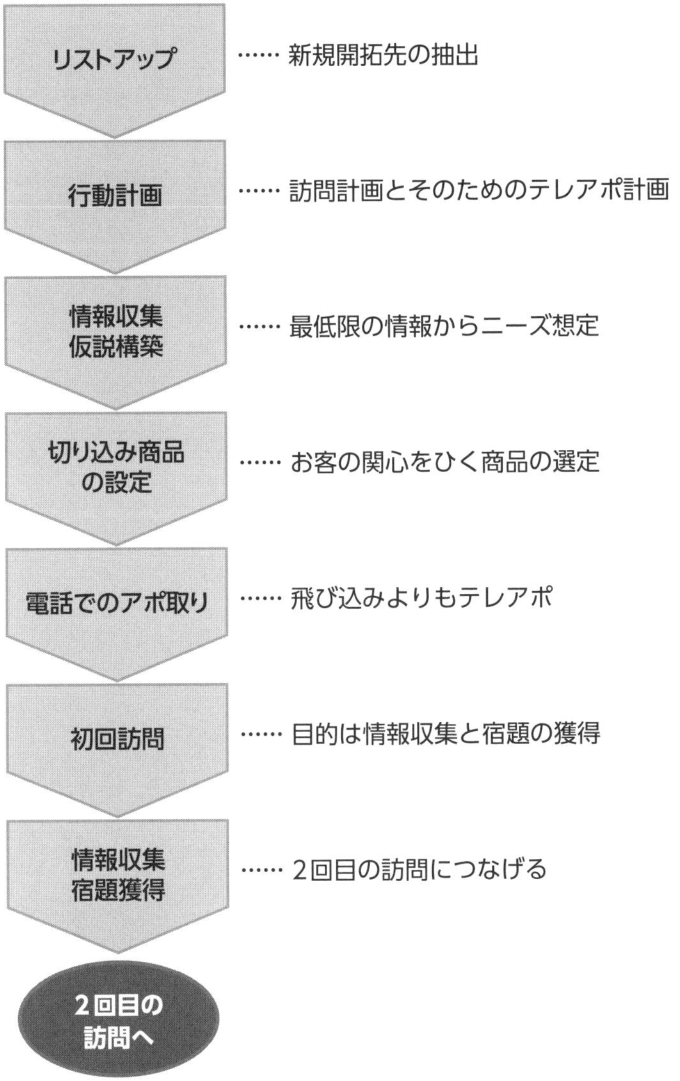

- リストアップ …… 新規開拓先の抽出
- 行動計画 …… 訪問計画とそのためのテレアポ計画
- 情報収集 仮説構築 …… 最低限の情報からニーズ想定
- 切り込み商品の設定 …… お客の関心をひく商品の選定
- 電話でのアポ取り …… 飛び込みよりもテレアポ
- 初回訪問 …… 目的は情報収集と宿題の獲得
- 情報収集 宿題獲得 …… 2回目の訪問につなげる
- 2回目の訪問へ

●新規開拓は、「飛び込み」よりも「テレアポ」のほうが効率的

●そのためには、「切り込み商品」の設定がキーポイントとなる

●新規開拓のコツは、初回訪問のときに2回目の訪問につながるような「宿題」をもらうこと。あるいは、キーマンを紹介してもらうこと

44 新規開拓先のリストアップの方法

◎最初でつまずかないために

新規開拓先のリストアップは、非常に重要なプロセスです。新規開拓が進まない人は、まずこのリストアップの段階でつまずいています。

その方法としては、以下のようなものがあります。

(1) LIST TRAINを活用する

「ネット・トレイン・サービス株式会社」から法人事業所のリストが発売されています。エリア（都道府県）、業種、規模等を選択することにより、該当の事業所リストを購入することができます。

(2) インターネットで工業団地を検索し、立地企業を調査する

地図などを見ると、「○○工業団地」とか「○○テクノパーク」などの工業団地らしき地名が出ています。こうした工業団地の地名をインターネットの検索エンジン（「ヤフー」「グーグル」等）に入力して検索します。ほとんどの工業団地はホームページを開いており、そこに団地内の工場の企業名が出ています。

(3) 商工会議所の会員名簿を購入する

商工会議所の会員でないと入手できないケースもありますが、ほとんどの場合、有償（1000～5000円程度）で入手することができます。

(4) 業界団体の名簿を入手する

たとえば、「バルブ工業会」や「工作機械工業会」等の業界団体の名簿です。これは会員企業でないと入手がむずかしいと思います。まずは業界団体に直接依頼してみて、困難なときは親しい既存顧客や取引先のコネを使うのが現実的でしょう。

(5) 自治体のものづくりPR関連の資料を参照する

たとえば、東大阪市や大田区（東京都）など、ものづくり企業が集積しているエリアは、自治体がものづくり企業のリストを出していることがあります。商工会議所や自治体に問い合わせてみましょう。

この他にも、営業中にめぼしいところを見つけ、インターネット等で内容を調べることもできます。

◆新規開拓先を探し出すには◆

LIST TRAIN

出典：https://list-train.jp/

都道府県、業種、規模別にターゲットに応じた新規開拓リストを購入することができるサービス

工業団地のWeb案内

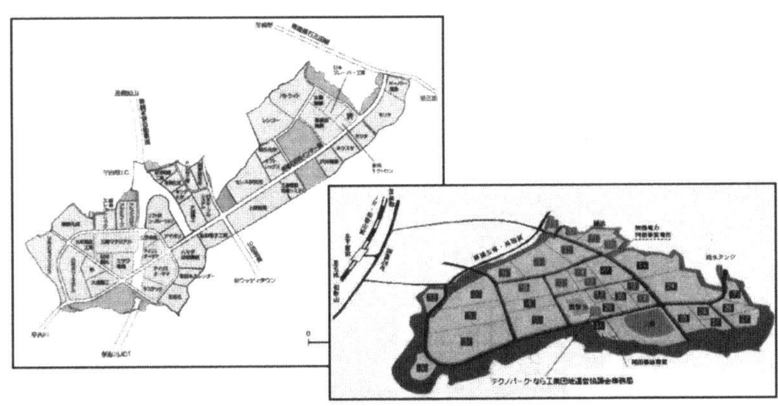

ヤフーやグーグルなどの検索エンジンで、"○○テクノパーク"、"○○工業団地"といったようにキーワード検索をかける。工業団地のWeb案内には、そこに立地している企業名が公表されている

45 新規開拓の行動計画を何からはじめるか

◎新規開拓では事前準備に労力がかかる

私にコンサルティングを依頼してこられる経営者の方のニーズというのは、自社の業績を向上させたい、あるいは自社のシェアを上げたい、というのがほとんどです。業績を向上させる、あるいは自社のシェアを上げる、ということを考えるなかで、「新規開拓」が一番の課題に挙がることは非常に多いと言えます。

そこで、営業現場に対して新規開拓の必要性を問うと、決まって「新規開拓の必要性はわかっているが、忙しくてとてもムリです」という答えが返ってきます。まさに、10社あれば10社ともこのような答えが返ってくるといっても過言ではありません。

なぜ「忙しくてムリ」なのかと言うと、「行動予定を立てていない」からです。それ以前に「リストアップができていない」から行動予定も立たないのです。

新規開拓で労力がかかるのは、新規開拓という行為そのものよりも、事前準備なのです。つまり新規開拓先をどこにするか、何をネタに訪問するか、といったことを考える行為に労力がかかるのです。

◎まず、予定を入れてしまうことが必要

前述の方法で新規開拓先をリストアップしたら、①電話でアポ取りをする日、②実際に訪問する日、を決めてしまいます。あるいは「毎週水曜日は新規開拓の日」と決め、その日は新規開拓を必ず行うようにする等、まずは日を決めてしまうことです。

いくら毎日忙しいといっても、たとえば研修の予定が入ればその日は営業の予定を入れないし、会議の日は予定を空けるはずです。同じように、新規開拓も「予定を入れてしまう」というのがポイントです。

営業担当たるもの、どんなに忙しくても恒常的に新規開拓を行わないと、営業スキルは間違いなく低下します。はっきり言って「忙しい」というのは言い訳で、要は新規開拓の優先順位を下げているだけなのです。

まずは、新規開拓先のリストアップを行い、テレアポを取る日、訪問する日を手帳に記入することから行うべきなのです。

◆新規開拓には行動計画が重要◆

46 「切り込み商品」の設定とは

◎新規開拓の基本は「一点突破、全面展開」

新規開拓というのは、「一点突破、全面展開」が基本です。たとえば、自動車会社の営業担当が法人顧客に対して新規開拓を行う際、「ウチは軽自動車からセダン、ワゴンまで、ひととおり何でもっています」というアプローチをしてもうまくいきません。お客の立場からすると、「ウチには関係のない話だよ」ととらえてしまいます。

そうではなく、ターゲット客についての最低限の情報収集と仮説構築を行い、「御社のように重たい工具のデモンストレーションを行う営業スタイルでしたら、こちらのバンが打ってつけです。長距離運転されることも多いと思いますので、軽よりは1500ccをお勧めします」といった具合に、まずは絞り込んだ提案を行わなければ、相手は聴く耳を持ってくれません。

ですから、お客が「よくウチのことを考えてくれているな」と聴く耳を持ってくれるような、PRから入っていくのです。自社の総合的な紹介をするのは、その次のステップなのです。

◎まず、相手のメリットを訴求する商品を決める

新規開拓の鉄則は「売り込むのではなく、相手のメリットを訴求する」ということです。そのためには、最初のステップでは何かひとつの商品に絞り込み、その商品を導入することによる相手のメリットを訴求します。

このような商品のことを「切り込み商品」と言います。「切り込み商品」でお客の関心をこちらに向かせ（一点突破）、そして自社商品、あるいは自社の全体説明（全面展開）に入るべきです。

自社の取扱商品のうち、何を「切り込み商品」に設定するかは、最低限の「情報収集」を行い、「仮説構築」をすることで決定します。つまり、「このお客さんはこういうニーズがあるはずだから、この商品をまずはPRしてみよう」と考えるのです。

これは、電話でアポを取る場合でも同じことです。新規開拓において電話でアポを取る場合でも、切り込み商品を設定しなければうまくいきません。新規開拓の基本は、「一点突破、全面展開」なのです。

料金受取人払郵便

神田局
承認
7635

差出有効期間
2024年４月30
日まで

郵便はがき

1 0 1-8 7 9 6

5 1 1

（受取人）
東京都千代田区
神田神保町１－41

同文舘出版株式会社
愛読者係行

毎度ご愛読をいただき厚く御礼申し上げます。お客様より収集させていただいた個人情報は、出版企画の参考にさせていただきます。厳重に管理し、お客様の承諾を得た範囲を超えて使用いたしません。メールにて新刊案内ご希望の方は、Ｅメールをご記入のうえ、「メール配信希望」の「有」に○印を付けて下さい。

図書目録希望	有	無	メール配信希望	有	無

フリガナ お名前		性別 男・女	年齢 才
ご住所	〒 TEL （ ） Ｅメール		
ご職業	1.会社員 2.団体職員 3.公務員 4.自営 5.自由業 6.教師 7.学生 8.主婦 9.その他（ ）		
勤務先分類	1.建設 2.製造 3.小売 4.銀行・各種金融 5.証券 6.保険 7.不動産 8.運輸・倉庫 9.情報・通信 10.サービス 11.官公庁 12.農林水産 13.その他（ ）		
職種	1.労務 2.人事 3.庶務 4.秘書 5.経理 6.調査 7.企画 8.技術 9.生産管理 10.製造 11.宣伝 12.営業販売 13.その他（ ）		

愛読者カード

書名

◆ お買上げいただいた日　　　年　　　月　　　日頃

◆ お買上げいただいた書店名　　（　　　　　　　　　　）

◆ よく読まれる新聞・雑誌　　（　　　　　　　　　　）

◆ 本書をなにでお知りになりましたか。

1．新聞・雑誌の広告・書評で　（紙・誌名　　　　　　　　）

2．書店で見て　3．会社・学校のテキスト　4．人のすすめで

5．図書目録を見て　6．その他（　　　　　　　　　　）

◆ 本書に対するご意見

◆ ご感想

- 内容　良い　普通　不満　その他（　　　　　　）
- 価格　安い　普通　高い　その他（　　　　　　）
- 装丁　良い　普通　悪い　その他（　　　　　　）

◆ どんなテーマの出版をご希望ですか

◆新規開拓は一点突破、全面展開で◆

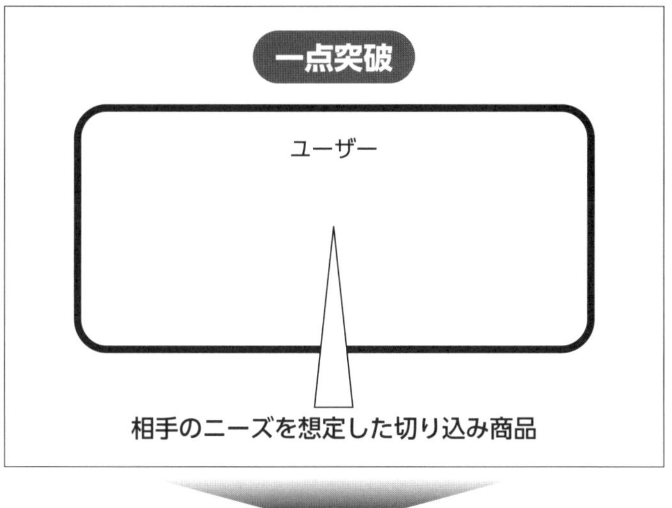

①まずは「情報収集」「仮説構築」を行い、「切り込み商品」を設定する
②「切り込み商品」のＰＲを通して、相手のメリットを訴求し、こちらに関心を持たせる
③相手に「こちらのことを考えてくれているな」と感じさせたうえで、自社の総合的な取扱商品についてのＰＲを行う

47 電話でのアポ取りにもステップがある

◎相手にメリットが訴求できる商品に絞り込む

左に示した電話でのアポ取りトークのプロセスでは、○○商事の営業担当の山田さんが、ワイヤカット放電加工機を切り込み商品にして、アポを取ろうとしています。○○商事は設備関係の専門商社ですから、工作機械なら全般的に取り扱っています。しかしそこで、「工作機械でしたらひととおり取り扱っています」と言っても、「ウチはもう、他の商社さんと取引していますから」と言われて断られます。なぜなら、話の中で「相手にとってのメリット」を訴求できないからです。

左のアポ取りトークの中では、「ワイヤカット放電加工機」という特定の商品を切り込み商品にすることにより、「フライス加工からワイヤカット加工に工法変換することにより、コストダウンにつながります」と相手にとってのメリットを訴求しています。つまり、「購入後の利益説明」というプロセスがそれです。

この例では専門商社という設定ですが、メーカーの場合でも同じことです。すべての商品を売り込もうとするのではなく、相手にメリットが訴求できる商品に絞り込んで話をするのが、アポ取りを成功させるポイントです。

◎売り込み色を出さないアプローチがポイント

また、電話でのアポ取りの最初のステップは、「行動の正当性と信用の確保」です。これは相手に「私は怪しい売り込みではありませんよ」、「信用のおける存在ですよ」と示し、相手のガードを下げさせるステップです。

このように、まずは自分の行動を正当化し、信用を確保するというステップを踏んで、次に「キーマン探索」、つまり担当者に電話をつないでもらうのです。

このとき、最初に電話を取る人は総務受付の担当者ですから、技術的なことはわかりません。しかし、あえてそこで技術的な話をすることで、先方にメリットのある提案なのだということだけが伝われば、相手は「これは売り込みではなく技術提案なんだ、担当の人に電話を回そう」と考えます。

生産財営業において電話でアポを取るポイントは、売り込み色を出さないということです。

◆電話でのアポ取りトークプロセス◆

プロセス	セールストーク例	目的
行動の正当性と信用の確保	いつもお世話になります。私は○○商事の山田と申します。私どもは、設備関係の専門商社でございます。実は、本日お電話させていただきましたのは、工法変換のご提案ということで、工場でコストダウンにつながるワイヤカットのご案内の件で、お電話させていただきました。	相手のガードを下げさせる
購入後の利益説明とキーマン探索	私どもが代理店をしております○○社のワイヤカットは、フライス加工の工程を無人化することができ、従来不可能だった複雑形状の加工が可能になります。御社におきましても加工工程でのコストダウンにつながる商品でして、ＰＲだけさせていただきたいのですが、生産技術の方など設備関係のご担当の方はいらっしゃいますでしょうか？	キーマンを教えてもらう
行動の正当性と信用の確保	はじめまして。私○○商事の山田と申します。私どもは設備関係の専門商社でございまして、本日お電話させていただきましたのは、フライス加工やプレス加工をワイヤカットに置き換えてコストダウンする工法変換のご案内の件でお電話させていただきました。	技術情報の発信
購入後の利益説明	私どもが代理店をしております○○社のワイヤカットは、国内製品の中で最もローコストかつコンパクトなワイヤカットでして、小ロットのフライス加工やプレス加工を、ローコストなワイヤカットに置き換えること、つまり工法変換を目的に開発された商品です。この工法変換が適用できればコストダウンにつながります。	技術情報の発信
クロージングと訪問日時の確定	いま、知名度を上げるための販促キャンペーンをしておりまして、具体的なお話がなくても、情報収集の一環でお聞きいただければと存じます。具体的なお話が出ましたら、そのときに対応させていただきます。たとえば、来週の火曜日の午後はいかがですか？　私も近くに伺う予定になっておりまして…	アポイントを取る

48 電話でアポを取るためのポイント

電話でアポを取るポイントとして、前述の「売り込み色を出さない」ということ以外にもポイントがあります。

◎**質問時は、「YES・NOクエスチョン」が基本**

まず、「YES・NOクエスチョン」を基本とする質問を投げかけることが挙げられます。YES・NOクエスチョンとは文字どおり、相手が「YES」か「NO」で答えられる質問のことです。これに対して、「YES」か「NO」で答えられない質問のことを、「オープンクエスチョン」と言います。

とくに訪問日時を確定させる際には、「来週の火曜日の午後はいかがですか？」という質問の仕方をするのが基本です。相手に気を使ったつもりで、「いつなら空いていますか」と聞いても、これは「オープンクエスチョン」ということで、相手に考えさせることになります。皆が忙しくしている昨今なら、「いや、ちょっと忙しいので…」と言われる可能性が高くなります。

◎**相手に負担をかけない**

次に、相手に「負担をかけない」というのも重要なポイントです。訪問したいのはこちらの都合であり、そもそも相手が望んでいる話ではありません。ですから、相手に「負担をかけない」というのは当たり前のことなのです。たとえば、「オープンクエスチョン」ではなく「YES・NOクエスチョン」にする、というのも相手に心理的な負担をかけないためなのです。

同様に、「近くに伺う用事がありますので、お気遣いなく」「もし、お伺いしてお忙しいようでしたら、資料だけ置いて引き上げますから」といったひと言を添えたほうがよい場合もあります。

さらに、工場の場合は12時からお昼休みで、時間がたてばたつほど食堂が混み合うことが予想されます。ということは、11時45分を過ぎたら昼休みが終わるまで電話をかけない、というのがマナーでしょう。また、朝一の忙しい時間帯も同様です。

先にも触れましたが、営業とは言い換えれば気配りです。「YES・NOクエスチョンにする」「負担をかけない」というのは、まさに気配りをすることなのです。

◆電話でアポを取るポイント◆

1 売り込み色を消すこと

- 売り込み色を消すためには、総務など窓口の人には、「技術的」なことを強調する。キーマンに対しては、「ＰＲだけが目的」であること、さらに「導入後のメリット」を訴求する
- さらに、売り込み色を消すためには「堂々」、かつ「自然」にセールストークを行う必要がある。そのため、セールストークのメモを見ながら電話するのは好ましくない。また、「堂々」と話さなければ相手から「売れない営業担当」だと思われてしまい、やはりアポは取れない

2 「YES・NO クエスチョン」にすること

- 「YES」あるいは「NO」で答えられる質問のことを、「YES・NO クエスチョン」と言う
- たとえばアポを取るとき、「来週の火曜日の午前中はいかがですか？」という質問の仕方を、「YES・NO クエスチョン」と言う
- 「YES」あるいは「NO」で答えられない質問のことを、「オープンクエスチョン」と言う
- たとえばアポを取るとき、「来週でしたら、いつが空いておりますか？」という質問の仕方を、「オープンクエスチョン」と言う
- 「オープンクエスチョン」の場合、相手に考える負担を強いることになる。上述のパターンだと、『いつが空いていると言われても、いつも忙しいよな…』と思われ、アポを断られる恐れが高くなる

3 相手に負担をかけないこと

- たとえば朝一というのは、誰でもバタバタしているもの。あるいは昼休み前というのは、工場の場合食堂の場所取りの問題もあり、誰もが早く事務所を出たがる。終業前の時間帯も同様。従って、このような相手に負担をかけるような時間帯の電話は避ける
- アポを取った時に相手が「うーん、時間とれるかな…」といった素振りをみせた時にはすかさず、「もし、お忙しいようでしたらカタログだけ置いて引き上げますので」と、相手に心理的な負担をかけないようにする

49 初回訪問にもプロセスがある

◎まずは相手の警戒心を解く

電話でアポが取れたら、初回訪問となります。新規開拓で最もむずかしいプロセスが、電話でのアポ取りです。電話でアポが取れれば新規開拓は7割成功、残る3割は初回訪問において、継続訪問につなげられる「宿題」をもらえるかどうか、と言っても過言ではありません。

初回訪問においてはまず、自社の概要説明を行いますが、これは最低限の内容にとどめます。なぜならお客は、まず自社にメリットのある情報が聞きたくて時間を取ってくれているため、訪問する側としてはそこを強く意識しなければなりません。

ここでの目的は相手のガードを下げること、つまり「売り込まれるのでは」という警戒心を解くことが最大の目的となります。

◎主目的は継続訪問への〝宿題〟をもらうこと

次に、改めて「自社・自分のスタンス」を表明したうえで、まずはお客にとっての「購入後の利益説明」を行い、次いで通常と同じステップで情報発信を行います。

「自社・自分のスタンス」とは、「売り込みではなく、メリットのある情報発信をさせていただきたいだけ」と訴求することです。通常の情報発信のプロセスと違い、まず相手の「購入後の利益説明」から行う理由は、相手に聞く耳を持たせるためです。その後、「機能の説明」「利点の説明」「購入後の利益説明」という、4章で説明したステップに沿って情報発信を行います。

そして、情報発信のステップで相手のメリットを訴求し、相手から信頼を得られた状態で自社の取扱い商品全般の説明を行うのです。切り込み商品を情報発信している段階で宿題をもらえるのか、あるいは、自社の取扱商品全般の説明の際に宿題をもらえるのか、そのあたりは臨機応変に対応することが必要です。

いずれにしても、初回訪問の主たる目的は、その商品を「売り込む」ことではなく、継続訪問に持ち込めるような、次の訪問につながる〝宿題〟をもらうことです。そこを見誤らないように、初回訪問をこなさなければなりません。

◆初回訪問時のプロセス◆

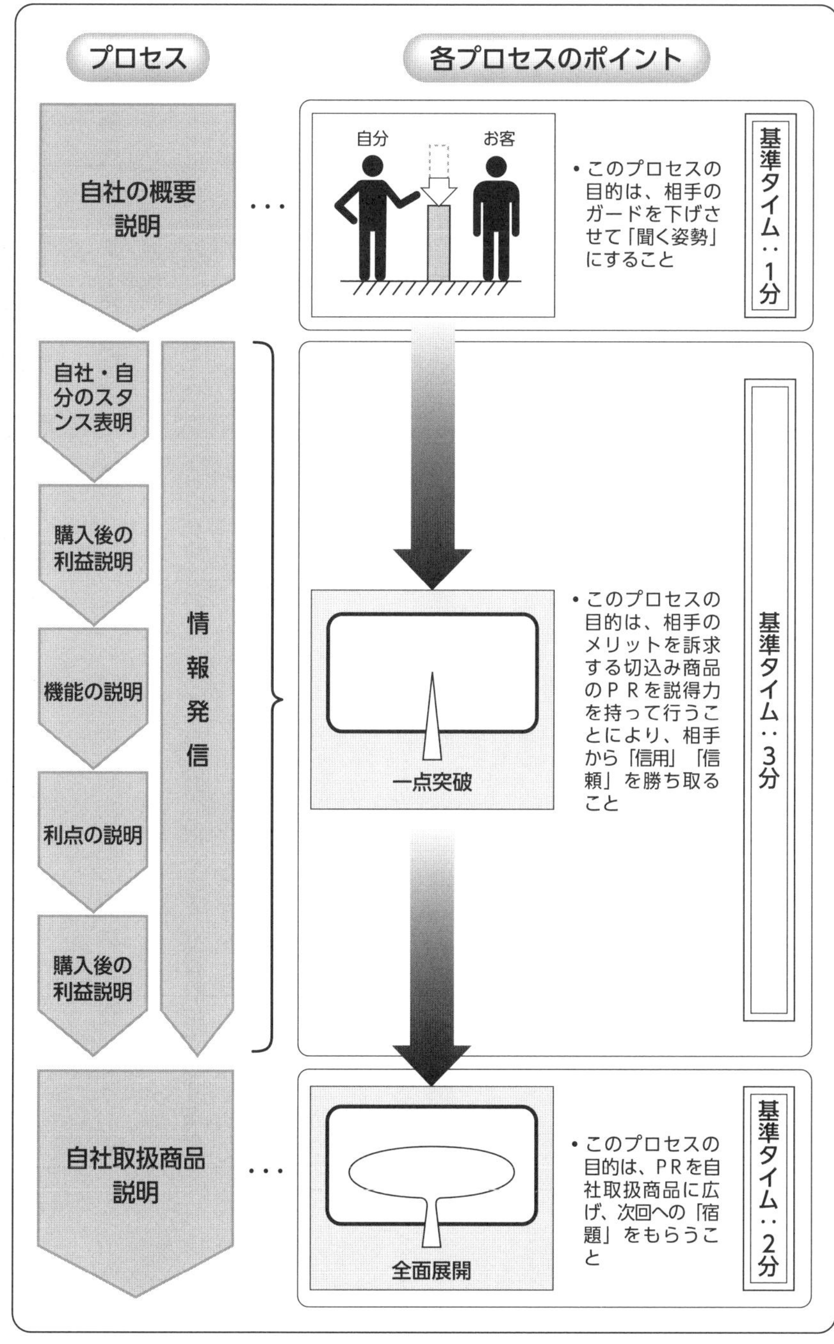
プロセス
各プロセスのポイント
自社の概要説明
自分
お客
・このプロセスの目的は、相手のガードを下げさせて「聞く姿勢」にすること
基準タイム：1分
自社・自分のスタンス表明
購入後の利益説明
機能の説明
利点の説明
購入後の利益説明
情報発信
一点突破
・このプロセスの目的は、相手のメリットを訴求する切込み商品のPRを説得力を持って行うことにより、相手から「信用」「信頼」を勝ち取ること
基準タイム：3分
自社取扱商品説明
全面展開
・このプロセスの目的は、PRを自社取扱商品に広げ、次回への「宿題」をもらうこと
基準タイム：2分

50 新規開拓を継続訪問に変えるには

◎新規開拓は、あくまで継続訪問への糸口

前項で述べた、初回訪問のプロセスにおける具体的なセールストーク例を左に示します。こちらを見ていただくと、初回訪問に行うべきことのイメージが、よりつかめるのではないでしょうか。

しつこいようですが、新規開拓における初回訪問時の目的は、次の訪問につながる宿題をもらうことです。なぜ、次の訪問につながる宿題にこだわるのかと言うと、新規開拓というのは、初回訪問よりも2回目の訪問のほうがむずかしいからです。

初回訪問というのは比較的だれにでもできます。むずかしいのは2回目、3回目の訪問です。これが4回目の訪問、5回目の訪問ともなると、後は自然に継続訪問ができるようになります。継続訪問ができるようになれば、そのうち引合いが発生し、確率論で受注に至ります。また、その人がキーマンかどうかも見当がつきます。

つまり、法人営業のポイントというのは、いかに継続訪問につなげていくか、と言い換えることができます。新規開拓において、継続訪問ができるような間柄になれれば、人間関係もできるということなのです。

◎“宿題”がもらえなければどうするか

そのためには、初回訪問や2回目の訪問で、いかに次回訪問につながる宿題がもらえるかが重要です。宿題は、調査依頼でも見積り依頼でも、何でもいいわけです。最も多いケースは、「○○の分野で実績があるかどうか調べてもらえませんか」といったところだと思います。

もし宿題がうまくもらえない場合でも、御礼の手紙を書くことによって、2回目の訪問はかなり行いやすくなります。もちろんワープロではなく、手書きの手紙です。

あるいは引き上げる際、「もし、今後もこうした情報がありましたら、情報発信だけでもさせていただいてよろしいでしょうか」と相手の許可を取ります。相手が「まあ、情報だけなら聞くよ」と言ってくれれば、「ありがとうございます。では、その際にはまたお電話させていただきます」と、とにかく何らかの形で次の訪問につなげていくのです。

◆初回訪問時のプロセスとセールストーク例◆

プロセス		セールストーク例	目的
自社・自分のスタンス表明	・・・	私どもといたしましては、とにかくコストダウン、あるいは品質向上につながるご提案をさせていただきまして、そうした中でもしお引合いいただけるようなお話がありましたら、その時にはご検討の土俵に上げていただければ結構かと存じます。	相手のガードを下げる
購入後の利益説明	・・・	従来、フライス盤で加工されているワークをワイヤカットに置き換えていただくことにより、このような複雑な形状の加工におきましては、リードタイムが大幅に短縮して、1／3以上のコストダウンが可能になります。	相手に聞く耳を持たせる
機能の説明	・・・	さらにワイヤカット加工機は、金属であればどのような硬い材料、焼きの入った材料でも加工することが可能です。こちらの型式○○タイプは小型ですが、リニアスケールを装備しているため、非常に高精度な加工が可能です。	技術情報の発信
利点の説明	・・・	現在販売されているワイヤカットの中では最も小型タイプですから非常にローコストです。その結果、リースでご購入いただくとして、毎月○○万円以下のリース料でワイヤカット加工機を設備することが可能です。	技術情報の発信
購入後の利益説明	・・・	ですので、毎月○○万円以上、ワイヤカットのお仕事を外注されているのでしたら、その分がそのまま御社の利益になります。テストカットしていただければランニングコストを出せますので、コストダウン効果を事前にご確認いただくことができます。	何らかの宿題につなげる

6章 効率的な新規開拓のための各種手法

――成熟期に力を発する「プル型営業」の実際

51 成熟期に応じた新規開拓のスタイルを考えよう

◎組織ベースでの新規開拓が必要とされる

さて、５章では「営業スキル」の範囲での新規開拓の技術をお伝えしました。そこでも述べたとおり、営業担当として新規開拓は、営業スキルを上げるための必須トレーニング要素です。

しかし、営業スキルの範囲で行う以上、個々人のスキルやモチベーションに依存してしまうことになります。つまり、新規開拓で成果を上げ続けられる人と、思うように成果を上げられない人とに分かれることになります。

また、「トレーニング」と言うくらいですから、非効率な面も拭えません。個人ベースでの新規開拓だけでなく、組織ベースでの新規開拓も、同時に考えていかなければならないのです。現在は「成熟期」の時代ですから、とくに組織ベースでの新規開拓が必要なのです。

◎業界の現状に合わせた営業戦略が必要

左図を見てください。これは、ある業界がライフサイクルのどの位置にあるかを示したものです。ライフサイクルは、営業戦略を考えるうえで非常に重要な概念です。なぜなら、自分のいる業界がどの段階なのかによって、打つべき戦略が変わってくるからです。

生産財業界はいま、間違いなく「成熟期」です。国内においてこれ以上、製造業が増えていくとは考えられないからです。つまり、「成熟期」とは市場が飽和状態で、それ以上市場が大きくならない状態を指します。

一方「成長期」とは、市場がどんどん拡大している状態を指します。生産財業界では、１９９０年のバブル絶頂期までは「成長期」でしたが、それを境に市場は飽和状態になっており、現在は「成熟期」と言えるでしょう。

たとえば、２００６年度の工作機械受注予測は１兆４０００億円で、バブル期の１９９０年と並びました。しかし90年の受注のうち、内需が7割以上なのに対して、06年度の受注において、内需は全体の約半分です。

設備投資の波はあるものの、国内生産財業界は間違いなく「成熟期」と言えるのです。ですから、「成長期」のときと同じ営業戦略を採っていては、勝ち残ることはできません。

◆ライフサイクルと営業戦略◆

ライフサイクル曲線			現在 転換点 第二成長期 衰退期
ライフサイクル	導入期	成長期	成熟期
年代	～75年	～95年	現在

- 経済産業省の工業統計によると、日本における機械工業の出荷高及び事業所数は1993年をピークに横ばいから減少している。とくに事業所数は大きく減らしている（ピークから約3割減）
- 以上のことからも、日本の生産財業界全体が「成長期」から「成熟期」に移行していることがわかる
- 成熟期においては、成長期の際の成功要因が、逆にその足を引っ張ることが数多くある
- そのため成熟期になると、あらゆる戦略を見直していかなければならない

52 「プッシュ型営業」と「プル型営業」

◎営業スタイルには二つある

それでは、現在のような「成熟期」において、どのような新規開拓スタイルを採っていけばいいのでしょうか。

実は、営業スタイルには二つの方法があります。ひとつは「プッシュ型営業」と言って、こちらからお客へ攻めていくスタイルのことです。いわゆる飛び込み訪問や、電話でアポを取って訪問する営業スタイルなどは、「プッシュ型営業」のスタイルです。

それに対して、こちらから営業に出向くのではなく、お客のほうからこちらに出向いていただく、あるいは引合いの連絡をいただけるような営業スタイルのことを、「プル型営業」と言います。

「プル型営業」の具体的な方法として、次のようなものが挙げられます。

①ダイレクトメール（DM）の活用
②メールマガジンの活用
③Webの活用
④展示会への出展
⑤オンラインセミナーの活用
⑥その他広告媒体の活用

◎成熟期にはプル型営業の要素を採り入れる

結論から言うと、現在のような「成熟期」においては、従来の「プッシュ型営業」から「プル型営業」へ、スタイルを変えていかなければなりません。もちろん、生産財営業の基本は「プッシュ型営業」です。しかしそのなかに、「プル型営業」の要素を採り入れていけば、より新規開拓がしやすくなるということなのです。

また、これまでのような「成長期」のときには、「プッシュ型営業」一辺倒でよかったのです。しかし、現在のような「成熟期」には「プル型営業」の要素を採り入れていかなければならない、ということがマーケティングの世界では原則なのです。

ではなぜ、「成熟期」になると「プル型営業」のスタイルを採り入れていかなければならないのでしょうか。

次項で説明します。

◆「プッシュ型」と「プル型」営業の比較◆

営業スタイル	プッシュ型	プル型
手法例	飛び込み営業 テレアポ営業	ダイレクトメール メールマガジン Web 展示会 オンラインセミナー 広告
有効なライフサイクル上のタイミング	成 長 期	成 熟 期
効率性の面での比較	成熟期においては非効率的	成熟期においても効率的
戦略性の面での比較	戦略性が低くても実行は可能	マーケティング戦略が必要
属人性の面での比較	個人の営業スキルに大きく依存する	ある程度の標準化が可能

- いわゆる「飛び込み営業」のスタイルは、「プッシュ型営業」であり、成熟期のように市場が飽和状態になると非効率な新規開拓のスタイルとなる
- 現在のような成熟期においては、きちんとマーケティング戦略を立て、「プル型」の新規開拓スタイルを採る必要がある

53

なぜ、成熟期にはプル型営業なのか

◎飽和状態の市場にプッシュ型では効率が悪い

成熟期にプル型営業のスタイルを採らなければならない理由は、市場にモノが行き渡り、飽和状態にあるからです。市場が飽和状態のなかでプッシュ型営業を繰り返しても効率が悪く、成果が出にくいからです。

たとえば、自動車業界を見てみましょう。かつて自動車業界が「成長期」だった頃は、営業スタイルとしては「飛び込み訪問」が主体でした。しかし、現在のようにすべての家庭に自動車が行き渡っている状態、すなわち「成熟期」の時代に、飛び込み訪問で自動車を売ろうとする人はいません。

いまの時代は、飛び込み訪問ではなく、きれいなショールームをつくって、そこにご来店いただく「プル型営業」が営業スタイルの主流となっています。

住宅業界も同じです。昔は一戸建て住宅を売るにしても、「飛び込み訪問」がその主流でしたが、現在は違います。モデルハウスでのイベントや工事物件の見学会を企画し、折り込みチラシやポスティングで集客をするという手法が営業スタイルの主流です。また、「失敗しない家の建て方」といった無料セミナーを企画し、お客を集めるという手法もよく見られるやり方です。

◎新規開拓でもプル型要素を採り入れる

このように、「成長期」と「成熟期」とでは営業スタイルを変えていかなければなりません。「成長期」であれば、プッシュ型営業スタイルだけでも成果が出ます。しかし「成熟期」になると、プル方営業スタイルを採り入れなければ効率が悪く、とくに新規開拓においてはなかなか成果が上がりません。

これは生産財営業においても同じです。先述のとおり、生産財営業の基本は「プッシュ型営業」とは言え、「プル型営業」の要素を採り入れていくことが、効率的な新規開拓を推進していくためのポイントになるのです。

では、具体的にどのようにすればよいのでしょうか。次項からは、私が実際に経営コンサルティングの現場で行い、成果を上げた生産財営業における「プル型営業」の手法を具体的に解説していきます。

◆成熟期にはプル型営業が有効◆

54 成功するダイレクトメールのポイントは

◎DMは、最もオーソドックスなプル型営業の手法

プル型営業への取組みの中で、ダイレクトメール（DM）の活用は、最もオーソドックスな方法と言えるでしょう。

しかし、「DMは過去にも実施したことがあるが、うまくいかなかった」と思われる方も多いかもしれません。DMを成功させるポイントを、以下に挙げてみましょう。

(1) 最低でも1000軒以上送付する

一般にDMの臨界点は、2000軒と言われています。つまり、2000軒以上は送付しなければ意味がない、ということです。最低でも、1000軒以上の送付が必要です。

(2) 送付物の中身を見せる

透明封筒に入れるなどして、送付物の中身が見えるようにします。もちろん見えるだけではダメで、中身が送り先の生産工場において、メリットのある情報であることを告知する、ということです。

DMというのは、その大半が内容を見られることなく捨てられます。このDMを手に取った人が、「ウチの会社にとってメリットのある情報だ」と判断して、担当者に渡してもらえるような見せ方をしなければなりません。

(3) 集客のためのフックがある

DMで単に、「この機械に興味がある方は、こちらまで資料請求をしてください」と訴えただけでは、レスポンスは見込めません。

たとえば、左のDM例のように、「画像処理ハンドブック（無料）プレゼント」といった、集客のためのフック（仕掛け）が必要です。無料小冊子や技術資料・事例集などが、集客のためのフックになります。

◎レスポンス率を上げるためのよいリストが必要

さてレスポンス率ですが、たとえば左のDM（カラー印刷）を、「郵便番号＋住所＋会社名＋生産技術御担当者様」という宛名で1000軒送付して、約3％でした。

DMで最も重要なのは送付先のリストで、もし担当者名まで明記できれば、レスポンス率は倍になります。まずは、レスポンス率3％を目標にしたらいいでしょう。

◆成功するダイレクトメールの例◆

55 さらに効果を高めるダイレクトメールの活用術

たとえば、前項のダイレクトメール（ＤＭ）の場合、レスポンスがあった無料ハンドブック請求に対して、ハンドブックを送付するのではなく、電話でアポを取ったうえで、営業担当が持参して説明に伺います。

このように、営業担当が初回訪問をかけられるレスポンスを取ることが、ＤＭ活用のそもそもの目的です。

◎攻めの営業に活用してみる

しかし、ＤＭというせっかくのコンテンツがあるわけですから、これをさらに活用して「攻め」の営業をかける方法があります。これがＤＭの二つ目の活用法です。

たとえば、前項のＤＭの場合、まず電話で、「私どもは、画像処理装置と言いまして、工場の生産現場での品質検査の自動化が可能なシステムを取り扱っております」、「御社の工場でも、コストダウンと品質向上につながると思いますので、よろしければ技術資料をＰＲのためにご送付させていただきたいのですが、こういった資料は、どの部署のどなた様にご送付させていただけばよろしいでしょうか？」と、送付すべき担当者を聞き出すようにします。

このとき、担当者名を聞き出すコツは、できる限り売り込み色を消して話すことです。また、品質向上やコストダウンにつながるなど、相手の会社にとってメリットがあることを前面に出すことです。

◎アポ取りの確実性を増すなどの使い方も

それが聞き出せたら、その担当者宛にＤＭを送付し、到着2日後くらいに、「より詳しい技術資料や事例集もありますので、もしよろしければ、お伺いさせていただきたいのですが…」とアポを取って訪問するのです。

ＤＭのようなコンテンツがまったくない状態と比較すると、アポが取れる可能性は飛躍的に上がります。また担当者名を聞き出すことができれば、その後のＤＭを送る貴重なリストになります。

この二つ目の活用術は、「プル型営業」と言うより「プッシュ型営業」に近いものです。しかし、せっかくコストと時間をかけてつくったコンテンツですから、最大限に利用しない手はありません。

◆ダイレクトメールを活用した「攻め」の新規開拓法◆

1. リストアップをする

電話をかけるべき「ターゲットユーザー」のリストアップを行う

2. 電話をかける

下記のようなトークで、キーマンの名前を聞き出す
「画像処理装置の技術資料をご送付させていただきたいのですが、どなた様にご送付させていただけばよろしいでしょうか？」

3. DMを送る

聞き出したキーマンに、ダイレクトメールを送付する

4. 再度電話を入れる

ダイレクトメールを送付したキーマンに、下記のようなトークで再度電話を入れる
「ダイレクトメールをご送付させていただいたのですが、さらに詳しい資料もございますので、一度ＰＲにお伺いさせていただきたいのですが、いかがですか？」

5. 訪 問 す る

キーマンのところに訪問する

- ●この方法は、「プル型営業」というより「プッシュ型営業」に近い
- ●しかし、せっかくコストと手間をかけてつくったダイレクトメールなので、最大限活用するという発想がほしい

56 生産財営業で効果的なメールマガジンの活用

◎売りにくい高額商品ほどメールマガジンを活用すべき

生産財営業においてメールマガジンは極めて有効です。その理由として次の三つを挙げることができます。

(1) 情報発信の機会が増えて、商談が生まれるチャンスが増える

(2) 相手は法人顧客であり、必ずメールを毎日見ている

(3) 高額商品など、営業担当者だけでは説得しきれない商品の場合でも、情報発信することで後方支援になる

特に大事なのは(3)です。高額商品になればなるほど、引合いをもらうためには、お客様からの信用・信頼と同時に説得力が求められます。営業担当者がいくら「この商品は当社が得意な商品です」と口頭で説明しても、説得できないケースがあります。その点、メールマガジンは会社としての情報発信ですから、営業担当者にとっても大きな後方支援になるのです。

◎生産財営業でメールマガジンを成功させるポイント

メールマガジンで効果を上げる方法は、大きく次の二つです。

ひとつ目は、「1メルマガ・1タイトル・1コンテンツ」を守ることです。メールマガジンを開封するかしないかは、そのメールマガジンのタイトルで判断されます。メルマガの中身（＝コンテンツ）が複数あると、コンテンツを反映したタイトルがつけにくくなります。

そうすると見る側にメルマガの内容が伝わらず、メルマガを開封してほしい人に開封されなくなる、という結果になります。

二つ目は、営業担当者のリアルな営業活動と連動させる、ということです。メールマガジンの配信を「情報発信」と捉えれば、その後のフォローは営業担当者がきちんと行うべきです。

例えば、「昨日配信させていただいたメールマガジンはご覧いただけましたか？」「御社ではそうした商品はすでに使われていますか？」と、ヒアリングの機会が得られ、商談を発生させるチャンスが生まれるはずです。

メールマガジンを営業活動の情報発信の一環と捉え、メルマガの配信と連動した営業活動が求められるのです。

◆メールマガジンの例◆

片山様｜古い装置をローコストに改造して生産性２倍！を実現！！

数値を明記して利益を訴求したタイトル

河合 正則／板橋工業(株)<m-kawai@itabashikogyo.com>
To 自分 ▾

差出人は個人のメールアドレスで設定する

工場無人化・省人化技術ニュース
板橋工業株式会社
技術レポートVOL.5
エンジニアの方を対象に
工場無人化・省人化に関する技術情報を
ご提供します！

上記製品の詳細はこちら！→　詳しくはこちら！

ヘッダー部にリンクを配置するとクリック率が上がる

食品工場物流ナビ　板橋工業公式サイト

いつもありがとうございます。板橋工業の河合です。

本技術レポートは、過去に板橋工業と名刺交換を頂いた方を対象に、ご送付しております。

※配信停止をご希望の方は、お手数ですが、下部「配信停止」リンクをクリック頂くか
配信停止用メールアドレスよりご連絡ください

～現場のちょっとした工夫で現場の省人化を実現！～

野菜の搬送をコンベアからエアー搬送に置き換えて
清掃時間を１／２に短縮！コストダウン！！

やっぱり工場内の搬送はコンベアだよね、と、考えがちですが、
搬送するワークによってはそれ以外の手段の方がベストなこともあります。

例えば野菜の切りくずの搬送です。
従来はコンベアで野菜の切りくずを搬送していましたが、
搬送後のコンベアの掃除にかなりの時間をとられていました。

そこで板橋工業ではエアー搬送装置をご提案。その為に必要な特注のホッパーも、当社の関係会社である板橋工機で設計・製作、納入させていただきました。

その結果、何と清掃にかかる時間を１／２に短縮することに成功！
さらにイニシャル・ランニングコストともにコンベアよりも
コストダウンに成功しました。

本文中に画像を使用すると読まれやすい

詳しくはこちら！

わかりやすいリンクでクリック率が上がる

食品工場の**自動化・無人化**のことなら
食品工場のプロ、**板橋工業にお気軽にご相談ください！**

無料で食品工場のプロに相談！

57 生産財営業で効果的なWebサイトの活用

◎新規開拓には「ソリューションサイト」が効果的

今や生産財分野を始めとするＢtoＢバイヤーの情報収集源のナンバーワンはインターネットです。特に新規開拓においてＷｅｂサイトは非常に有効です。なぜなら、生産財分野のキーマンも、何かわからないこと、あるいは新しいサプライヤーを探そうと思ったときには、まずインターネットで検索するケースが多いからです。

左に、ある包装資材商社が運営するＷｅｂサイトの事例を示しました。同社のＷｅｂサイトは「食品工場物流ナビ」という名称で、コンテンツとして食品工場を対象とした様々な物流設備・物流機器が掲載されています。

このような特定のターゲットに対して、問題解決を訴求するＷｅｂサイトのことを「ソリューションサイト」と言います。

自社の会社案内サイトとは別に、こうしたソリューションサイトを立ち上げると、新規開拓に効果的です。実際、同社のサイトには毎月、新規顧客からの引合いがきています。

◎Ｗｅｂサイトの効果で新規アポ率が3倍に向上！

同社では前項で紹介したメールマガジンを、継続的に新規の見込客に加え、既存顧客に対しても送付しています。メールマガジンには、このサイトを閲覧してもらえるようにリンクを掲載しています。その結果、既存顧客もこのソリューションサイトに訪れます。

そうすると、「御社ではこういう商品も扱っていたのか」「こういったサービスも扱っていたのか」と、新たな引合いにつながります。

また同社では、定期的に展示会に出展しています。展示会では数多くの名刺を獲得できるのですが、その後、電話でフォローしても、必ずしもアポが取れるとは限りません。

ところがサイトを立ち上げて、事前にメルマガでサイトに誘導した結果、アポ成功率は以前の3倍以上に向上したのです。

ソリューションサイトは、多くのケースで新規開拓に有効であることがよくわかる事例だと思います。

◆Webサイトの例◆

出典：食品工場物流ナビ　https://shokuhinkojo-butsuryu-navi.com/

58 オンラインセミナーは強力な武器になる

◎リアル開催のセミナーより有効なオンラインセミナー

新規開拓の手法として、従来から「セミナー企画」は有効な方法でしたが、昨今では、Ｚｏｏｍ等のリモート会議システムを活用した「オンラインセミナー」が、新規開拓に効果的な方法として注目を集めています。

従来のリアルなセミナー企画に対して、オンラインセミナーが優れている点は次の三点です。

(1) オンラインセミナーであれば、お客様が会場に足を運ぶことなく参加できるので、参加へのハードルが下がる

(2) セミナー会場を確保する必要がないので、開催のコストや労力が少なくてすむ

(3) 動画を録画しておくことにより、複数回の開催が容易に行える

なお、こうした「オンラインセミナー」のことを「ウェビナー」と呼ぶケースもありますが、どちらも同じ意味です。ウォビナーとは、「Ｗｅｂとセミナー」を合わせた言葉です。

◎新規顧客の集客は紙のＤＭで行うのがポイント！

オンラインセミナーの実施はオンラインで告知しますが、新規顧客の集客は紙のＤＭを活用するべきです。

前述のソリューションサイトを運営している某包装資材商社が実際に行っている紙のＤＭの事例を左に示します。同社ではこのオンラインセミナーで、各回１００名近い新規顧客の集客に成功しています。

紙のＤＭにはＱＲコードも付いており、これをスマートフォンで読み取ると、Ｗｅｂサイト上のオンラインセミナーの申込みフォームにリンクするようになっています。また同社のソリューションサイト「食品工場物流ナビ」への検索を促す表記など、単なる集客のＤＭではなく、同社のより詳しい情報をＷｅｂサイト上で確認してもらえる設計になっています。

オンラインセミナーはＺｏｏｍウェビナーという、オンラインセミナー用のリモート会議システムを活用して実施。セミナー終了後にはＷｅｂ上のアンケートで、その後のアポやフォローにつなげています。

◆オンラインセミナー用のDMの例◆

【オンライン配信形式】
食品工場における 省人化・省力化設備導入セミナーのご案内

拝啓　時下、貴社におかれましては益々ご清栄のこととお慶び申し上げます。

さて、私ども板橋工業株式会社では、食品工場の省人化·省力化をテーマとしまして、下記（別紙）の通りオンラインセミナーを企画いたしました。

お申込みは本FAX用紙または下記申し込みフォームから、お申込みください。
今後とも何卒よろしくお願い申し上げます。

敬具

記

日時　2021年 7月 29日（木）　14時～15時
テーマ　省人化の目的・作業分析・計画化
～何から検討すればよいの？優先順位は？～
・労働力減少と省人化の必要性、省人化できない作業は？
・省人化の障害は検査工程、検査工程の自動化の可否を考える　他
※スケジュールは目安で、時間が多少前後することをご了承ください
参加費　無料
定員　100名　※申し込み多数の場合は別日程にて調整させていただく場合がございます。
お申込み方法　※下記に必要事項をご記入の上、このままFAXしてください。
※または右記QRコードの申し込みフォームからお申込みください。
ご不明な点がございましたら、下記メールアドレスまでお気軽にご連絡ください。
m-kawai@itabashikogyo.com

※今回（7月）のセミナーは参加できないが、今後のセミナーのご案内を希望される方は以下にチェックの上、FAXしてください。

⇒ □ 今回は参加できないが、以降も案内を希望する

FAX：03-3962-2533（こちらまでFAX願います）担当：河合 宛

貴社名	
住所	〒　－ TEL　(　)　FAX　(　)

No	部署名	お役職	ご氏名	Mail
1				＠
2				＠
3				＠
4				＠
5				＠

上のDMを真ん中で折り、中に左の申込み用紙をはさむ。A4サイズの透明封筒に入れ、宛名ラベルを貼って発送する。

59 新規開拓で成功する展示会出展のポイント

◎展示会はスタートした時点で結果の9割が決まる！

展示会への出展も、生産財分野における新規開拓の方法として非常に有効です。

その中で特に昨今は、展示会に訪れるバイヤーの行動パターンが大きく変わりました。

以前は、「展示会に訪れてから面白そうな出展企業を探す」という行動パターンであったのに対し、今では「展示会に訪れる前にインターネットで情報収集を行ない、展示会では事前に調べたブースにのみ訪問する」という行動パターンに変化してきています。

つまり、展示会開催前の情報発信が非常に重要であり、展示会がスタートしてから〝目立つブースで集客する〟といった手法は、現在では時代遅れになっているのです。現在の展示会は、出展した時点で結果の9割が決まってしまうということです。

◎事前にどんな情報発信をすればいいか

具体的に、展示会で新規開拓に成功するポイントは次の三つです。

(1) 出展する展示会のＷｅｂ上の出展者紹介欄に、細かく自社の出展内容を記載する

(2) 自社のＷｅｂサイトにも、展示会で訴求したい内容と同じ情報を掲載しておく

(3) 展示会ブースでは、自社がどのような〝価値〟を提供できるのか、遠くからでもわかるように訴求する

(1)(2)については、バイヤーは事前に展示会のＷｅｂ出展者紹介ページで興味がある会社を選定後、その会社のＷｅｂサイトをチェックして、展示会で訪問するかどうかを決めているということです。

(3)については、自社を目標に訪れるバイヤーへの訴求はもちろん、やはり展示会ですから、自社ブースの近くを通る新規顧客に対しても、効果的に訴求ができるコピー（看板）が必要です。

展示会ブースの例を左ページに示していますが、この包装資材商社ブースは、まさに自社の価値訴求を効果的に自社のターゲットに対して行っている、よい事例と言えるでしょう。

◆展示会出展の例◆

展示会で新規開拓に成功するポイント

①出展する展示会のＷｅｂ上の出展者紹介欄に、細かく自社の出展内容を記載する

②自社のＷｅｂサイトにも、展示会で訴求したい内容と同じ情報を掲載しておく

③展示会ブースでは、自社がどのような " 価値 " を提供できるのか、遠くからでもわかるように訴求する

60 今、注目されるマーケティング・オートメーション

◎**マーケティング・オートメーションでできること**

生産財営業の分野で、昨今注目を集めているのがマーケティング・オートメーションです。マーケティング・オートメーションでできることは次の五つです。

(1) メールマガジンの配信
(2) 配信したメールマガジンの開封の有無の把握
(3) メールマガジンに記載のあるURLのクリック有無の把握
(4) どのお客様が、自社のWebサイトのどのページを、どれだけ閲覧したかの把握
(5) 自社のWebサイトのページにスコアを設定しておき、スコアの高い見込み客にアプローチできる

つまり自社の情報発信に対して、興味・関心を抱いている見込み客を把握することができるので、営業活動の精度を飛躍的に高めることができるのです。

◎**導入コスト減で中小企業でも利用が可能に！**

マーケティング・オートメーションそのものは、かなり昔から世の中に存在はしていました。

ただしコストが高く、一般的なマーケティング・オートメーションの場合、月額費用で15万～20万円ほどかかっていました。

しかし現在は、マーケティング・オートメーションのコストも下がり、かなりハイスペックな機能を持った製品でも、月額費用1万円ほどで導入することができるようになっています。

こうしたデジタルの技術革新が背景にあり、中小企業であっても、マーケティング・オートメーションを導入して成果を上げている会社が多数出てきています。

会社を外から見ても、その会社がマーケティング・オートメーションを導入しているかどうかはわかりません。しかしマーケティング・オートメーションを導入していたならば、その会社の商談発生率や受注率は飛躍的に高まっているでしょう。

ぜひ、マーケティング・オートメーションの導入を検討していただきたいと思います。

◆マーケティング・オートメーションの概要◆

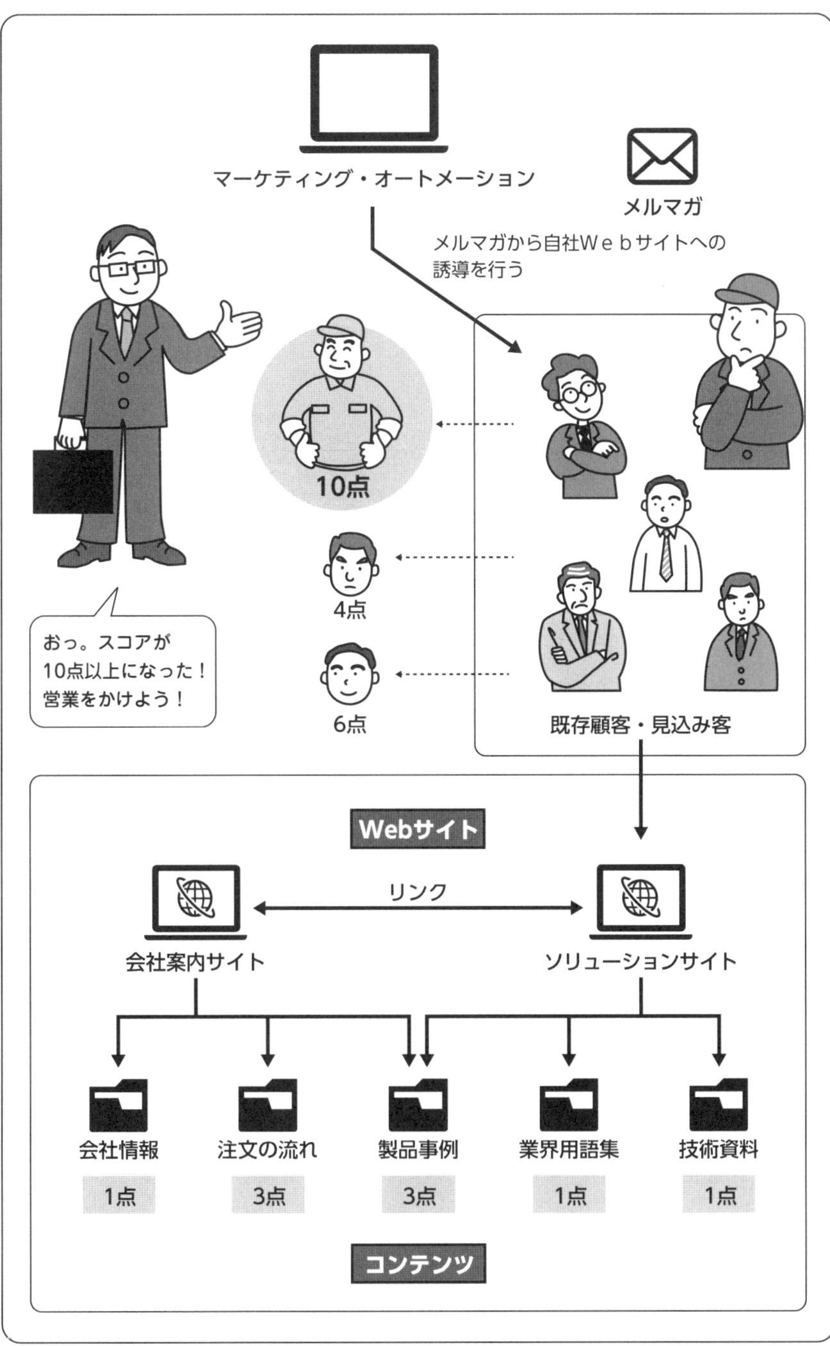

7章 高額商品を売り切る営業テクニック

——自分自身を"ブランド化"できれば強い

高額商品を売り切るポイントは何か

私は生産財業界専門のコンサルタントとして、多くの経営者や営業担当と会ってきました。その中で1000万円以上の高額商品を売り切れる人というのは、「自分自身をブランド化する」ということができている人であると考えます。「ブランド」とは、お客に対する約束のことです。ルイヴィトンやロレックスのようなブランド品は、その品質の高さやステイタスの高さをお客に約束できるから、ブランド品と呼ばれるのです。

高額商品を販売するうえでお客に対して約束しなければならないことは、「私から買えば問題は起きませんし、問題が起きてもすべて解決できますよ」という「信用」と「問題解決力」なのです。これはあらゆる高額商品を売る際に求められることです。

また、昔から高額商品を売るためには「信用」と「値打ち」を売れと言われていますが、これはまさに「信用」と「問題解決力」と言い換えることができます。そして、この「信用」と「問題解決力」を合わせたものが、その人のブランドとなるのです。

◎生産財商品の価格は非常に幅広い

生産財の世界において、代表的な高額商品は工作機械でしょう。工作機械の平均単価は、1450万円と非常に高額です。他にも搬送システム、ロボットシステム、熱処理炉など、さまざまなものがあります。

生産財業界のひとつの特徴として、配管継手やパッキンのように、ひとつ数十円の商品から、工作機械のように1台数千万円の商品まで、非常に幅が広いということが挙げられます。数十円の商品を売るのも、数千万円の商品を売るのも、広い意味では基本は同じです。しかし現実問題として、販売にあたって高額商品ほどその難易度は高いと言えます。

ここでは、高額商品の定義を1000万円以上と設定したいと思いますが、では、高額商品を売り切るポイントとは何なのでしょうか。

◎要求されるのは「信用」と「問題解決力」

高額商品を売り切るポイントは、①自分自身をブランド化する、②実物を見せる、という2点です。

◆自分自身をブランド化するための具体的な例◆

1 忙しく見せる

●正確に言うと、「売れているように見せかける」ということ

●たとえば、お客から「来週はいつ空いていますか？」と聞かれたとき、「いつでも空いてます！」と答えるのはNG。「ああ、ヒマなんだな」と思われてマイナスイメージとなる

●また、お客から「すぐ来てほしいのだけれど…」と言われても、ケースバイケースで、「すみません、いま、別のお客さんで立会いをしていまして、夜なら行けます」といった具合に、忙しい自分、売れている自分を演出する工夫が必要

●ただし、自分自身で「忙しい、忙しい」というのはダメ。お客から「忙しいですね」と言われても、「いえいえ、まだ余裕ありますよ」と答える

2 外観・服装・持ち物にこだわる

●髪型はきちんとセットし、散髪も最低限1ヵ月に1回は行く

●スーツは自分の体型に合ったものを、型崩れしないように着こなす。低価格のスーツは、見るからに安っぽい印象を与えることがあるため、注意が必要

●ネクタイやワイシャツも、あるレベル以上のものを身につけたほうがよい

●ペンなどの筆記用具も、ブランド物にするなど、こだわりを見せたほうがよい

3 勉強をする

●外観だけをとりつくろっても、中身がなければ自分をブランド化できない

●日経新聞を毎日読むのはビジネスマンとして当然のこと。加えて業界新聞や業界の専門誌など、自分の業界に関する情報収集も行うべき

●さらに、ビジネス書を読む、資格を取るなど、常に自己啓発をすることが必要。とくにビジネス書については、最低でも月に1冊は読むようにする

4 気配りをする

●外観と知識だけではダメで、自分をブランド化するためには、自分自身の人間性も高めていかなければならない

●人間性を高めるための一番の近道は、他人に対する「気配り」。営業は「気配り」であるとも言える。そして、「気配り」は人から好かれるために必須の要素。ブランド化した結果、さらに人から好かれなければならない

スキル・外観・人間性、それぞれバランスよくレベルアップし、自分自身をブランド化していこう

62 売る前に実物を見せるのが効果大

◎**購入の疑似体験は欲求を強くする効果がある**

高額商品に限らず、モノを販売するポイントは「実物を見せる」ことです。たとえば、超高収益のセンサーメーカーとして急成長したキーエンスの場合、積極的にデモ機を貸し出すことで売上を伸ばしました。

同社は直販が基本で、商社などの流通を活用しないため、より効果的な販売をする必要があったのです。当時、ライバルの大手電機メーカーは、エンドユーザーへのデモ機貸出しをほとんど行っていませんでした。やはり、実際の商品を手に取って、自社でも活用できることを確認することにより、購買へのガードは下がるのです。

高額商品の場合はなおさらで、たとえば住宅販売にも同じことが言えます。資本力のある大手住宅メーカーは、モデルハウスをつくり、中小の住宅メーカーは、工事中や完成物件の見学を積極的に実施します。これは、実物を見せて品質をチェックさせる効果もありますが、同時に「購入の疑似体験」をさせることで、「買いたい！」という欲求をより強いものにさせる効果があるのです。

セールステクニックの中に、まだ購入していない相手に、購入することを前提に話を進める方法があります。たとえば、「機械を入れるとすると、場所はあそこでしょうかね」「オプションはこれとこれをつけますよね」「キュービクルは足りますか」といった方法です。

◎**使用中の実機見学もアピール度が大きい**

また生産財の場合は、メーカーのショールームだけでなく、すでに使用しているユーザーの工場を見学してもらうことも可能でしょう。このほうが、そのユーザーがいわばセールスをしてくれることになりますから、より有利な方法と言えます。

何よりも、実機見学に同行するなかで、そのお客と親密になることができるし、設備購入に関する情報を聞き出すこともできます。高額商品を販売するうえで、実機見学は非常に大きな効果があります。

高額商品の商談で成約するためには、クロージングまでのストーリーを自分なりに描かなければなりません。その中には、必ず実機見学のステップを入れましょう。

◆売る前に実物を見せよう◆

しつこく通うと高額商品は売れない

◎一発で決められないなら訪問するな！

先にも紹介しましたが、私はコンサルタントになる前、ある大手の機械商社で、工作機械の営業をしていました。大阪が地盤だったので、超大手のメーカーから、2～3人でやっている町工場まで、あらゆるユーザーのところに行きました。また、新規開拓も徹底的にしましたし、会社の重要な担当先を任されたこともあります。

そうした経験や、船井総研で数多くの会社や営業担当を見てきて断言できるのが、「しつこく通うと高額商品は売れない」ということです。

私の前職時代の上司の口癖は、「町工場相手の商売なら一発で決めろ！　2回以上行って決まらないなら行くな！」というものでした。最初そのような指導を受けた私は、「そんなムチャな」と思いましたが、自分自身が経験を積んでいくうちに納得できるようになりました。

◎1回の訪問で信用と信頼を与えることが必要

前々項で、高額商品を売り切るためのひとつ目のポイントは、「自分自身をブランド化する」ことだと言いました。ひとつの商談に固執して、しつこく訪ねてくる営業担当が、「ブランド化されている」と言えるでしょうか。

たしかに、新入社員が連日熱心に通って、注文が取れるケースもありますが、それは新入社員だからです。

実務的には、1回や2回で注文を取ることはむずかしいかもしれません。しかしお客は、「この人なら信用できる、信頼できる」という判断をして注文をくれるのです。つまり、それは「信用」に加えて、「値打ち」を売るということなのです。

「値打ち」を売ろうとする人が、スタンスとして「回数を通って注文を取ろう」とは考えないはずです。本質的に、高額商品を売るためには、1回の訪問で相手にどれだけインパクトを与えられるかが重要なのです。

また、商品が高額になればなるほど、どのように成約に至らせるかというストーリーが重要になってきます。最初にきちんとしたストーリーが描けていれば、何度も何度も通うことはないのです。要は、自分なりのストーリーがあるかどうかが大切なのです。

◆"しつこさ"では高額商品は売れない◆

どうすれば「信用」が得られるか

◎「信用」を得るためのポイントは

さて、前述したように、「自分自身をブランド化する」ということは、言い換えれば「信用と値打ちを売る」ということです。では、この「信用」を得るためにはどうすればよいのでしょうか。

そのためには、①約束を守る、②相手の立場に立って物事を考える、③自分自身の考え・意見を述べる、といったことが必要です。それぞれの意味を以下で述べます。

①約束を守る…信用を得るためには、当然必要なことでしょう。たとえば、「時間を守る」ということも、約束を守ることにつながります。

また、生産財の営業をしていると、何か技術的な調査を依頼されることもあると思います。そのとき、「わかりました」と口にした以上、必ず何らかの形でアウトプットを出さなければなりません。

②相手の立場に立って物事を考える…われわれのお客は、何のために生産財を購入するのかというと、その設備を利用して収益を上げるためです。当然のことながら、その収益で設備の購入費用の元を早く取り、本当の意味の利益に変えてあげなければ意味はありません。

ということは、費用対効果で合わないような設備を勧めてはならないし、どんな設備を入れれば「儲かるのか」という視点で、商談を進めなければならないのです。

また、人に好かれるポイントでもある「気配り」も、言い換えれば相手の立場に立って物事を考えるということです。

③自分自身の考え・意見を述べる…信用できない人間というのは、何を考えているかわからない人間です。たしかに、自分の考えや意見を表明することなく、相手に合わせておくというのが、最も無難なやり方です。しかし、何でもこちらの言うことに相づちしか打たない人間は、逆に信用することもできません。

低額商品であればそれでも売れるでしょう。しかし、商品が高額になればなるほど、その販売にはお客と対等の視点が求められるのです。

◆「信用」とは何か？◆

信用が得られる人	信用が得られない人
①約束を守る人	①約束を守らない人
②相手の立場に立って物事を考えられる人	②相手の立場に立って物事を考えられない人
③自分自身の考え・意見を述べる人	③自分自身の考え・意見を述べない人

- 小さい約束ほど相手は覚えているもの。たとえば、出すと約束した資料のこと、送ると約束したカタログのことなど。一度口にしたことは、必ず実行するべき
- 「相手の立場に立って物事を考える」とは、言い換えれば「気配り」をすること。本書でも繰り返し述べているように、「気配り」は営業の基本
- 信用されるには、ある程度「腹を割って」話をしなければならない。そのためには、自分自身の考え、意見を述べなければならない

65 「信用」と「信頼」の違いは何か

◎「信用」だけでは高額商品は買ってもらえない

高額商品を販売するためには、自分自身をブランド化しなければならない。自分をブランド化するとは、すなわち商品とともに自分自身の「信用」と「値打ち」を売ることだと、何度も述べてきました。

「信用」については前項で説明しましたが、「値打ち」については、「この人なら頼れる」という「信頼」のことと言い換えることができるでしょう。

つまり、お客さんから「信用」に加えて「信頼」を得ることができなければ、高額商品を売ることはできません。たとえば、皆さんが家のような一生に一度買うかどうかという高額商品を、単に人間性がよくて「信用」だけできる人から買うかと言うと、答えはNoだと思います。やはり、商品や技術に詳しく、「この人から買えば失敗しないな」と思える何かがなければ、その人から高額商品を買う気にはなれません。

◎心配をきちんと解消するのが「信頼」への道

生産財の場合も同じことが言えます。たとえば、高額な生産財の代表格として工作機械がありますが、工作機械を購入する際にお客が一番心配することは、機械を買って何かあったとき、きちんとフォローしてくれるかどうか、さらに自社できちんと使いこなせるまで、フォローしてもらえるかどうか、ということです。

生産財の世界は、工具を専門に売る「工具商社」と、工作機械を専門に売る「機械商社」とで棲み分けがされています。「工具商社」は、配送を伴うことから毎日のように工場に顔を出しています。片や「機械商社」は、月に2〜3回程度しか顔を出しません。場合によっては、半年に1回くらいしか顔を出さないこともあります。

お客は「工具商社」から工作機械を買うこともできますが、毎日顔を出してくれているからと言って、お客が工作機械を「工具商社」から買うかというとそうではなく、ほとんどの場合「機械商社」から購入します。

つまり、こと工作機械という専門分野において、やはり「信頼」できる専門業者から商品を買おうとする心理が働くわけです。

◆「信用」に加えて「信頼」も重要◆

●「信用」が商売の基本だが、「信頼」もなければ高額商品は売れない

「忙しく」見せることも必要

◎ヒマな営業担当は売れていない営業担当

お客から信頼を得るためには、「ヒマな営業担当」と思われてはいけません。「忙しい営業担当」だと思われなければ、高額商品は売れません。

誤解がないように付け加えますが、ビジネスにおいて「忙しい」と愚痴を言うのは禁句ですが、お客からは忙しい営業担当と思われなければならないということです。もちろん、事務作業に忙しいのではなく、営業活動に忙しい営業担当と思われることが前提です。

なぜ「忙しく」見せなければならないかと言うと、ヒマな営業担当からモノを買いたい人などいないからです。「ヒマな営業担当」とは、言い換えれば「売れていない営業担当」です。これが文房具などの最寄り品であれば、「毎日来てくれて悪いから」と、情も入って購入してくれる可能性があります。しかし、購入すること自体にリスクがある高額な生産財を、そんな理由だけで買ってくれる人はまずいません。

◎ただし、相手を優先しているという演出も必要

どんな業界でもそうですが、「売れていない営業担当」からモノを買いたい人などいないのです。だれでも、「売れている営業担当」から買いたいはずです。

たとえば、マイホームを購入するとき、あなたは「売れている営業担当」から買いますか？　それとも「売れていない営業担当」から買いたいですか？

当然、「売れている営業担当」から買いたいはずです。

つまり、営業担当は売れていても売れていなくても、売れているように見せなければならないのです。生産財、とくに高額な生産財は景気不景気の影響を大きく受けますが、不景気なときほど「商談で忙しい」ように見せなければならないのです。

たとえば、予定が入っていないときでも、多少は予定が入っているふりをするべきです。と言って、「忙しい」と自分から口にしてはいけません。そう言われると、相手は「自分は優先順位が低いのか」と感じます。忙しいなかでも、自社のことを優先してくれている、そう思わせる演出が、高額商品を売る営業担当には必要です。

◆“ヒマな営業担当”と思われないように…◆

「信頼」を得るためには「前後」の話をする

◎「前後」の話は「購買時の不安」を払拭できる

「信頼」を得るためには、セールストークにもポイントがあります。それは、商品本体の話よりも、その前後の話、あるいは全体の話をするということです。

そのほうが、より業界のことを知っている、より玄人であるという印象をお客に与えることができ、「購買にあたっての不安」を払拭することができるからです。

商談というのは、ミクロなことだけを説明するのではなく、マクロなことも織り交ぜて話を進めたほうが、より説得力が増します。ミクロなことというのは、その商品本体（性能や価格等）のことであり、マクロなことというのは、その商品本体の前後の話、あるいは全体の中におけるその商品の位置づけのことなのです。

◎機械納入前後にはこんなトークも

左に、商品本体の前後の話題の例を示します。機械本体の話題はもちろん大事ですが、それよりもその前後の話をしたほうが、お客さんから「こいつ知っているな」と思われやすく、購買時の不安を払拭できるのです。

たとえば、機械納入前の具体的なトーク例としては、「機械を入れる際に、古い機械を出すとなりましたら、ウチでも引取りは可能ですよ」「提携している中古機械屋さんがいまして、うちは間に入らないのですがご紹介しますよ」といったトーク、またリース代金の月額計算をするのも効果的です。お客に「ウチでも買おうと思えば買えるのだな」と思わせます。

また、機械納入後の具体的なトーク例としては、「この設備の場合、NCスクールに1日参加して、現地指導2日間が基本です」「たいがいのお客さんがそれで覚えられますよ」「リースに入っていれば、たとえば主軸をあてても保険で修理費用は出ます。リース料金というのは保険代も含まれていますから」といった例が挙げられます。お客に「ウチでも使いこなせそうだし、アフターも大丈夫だな」と思わせるわけです。

セールストークは、ついつい商品本体の説明だけをしてしまいがちですが、こうした「前後の話」をしっかりすることがポイントです。

◆「前後」の話で「信頼」を得る◆

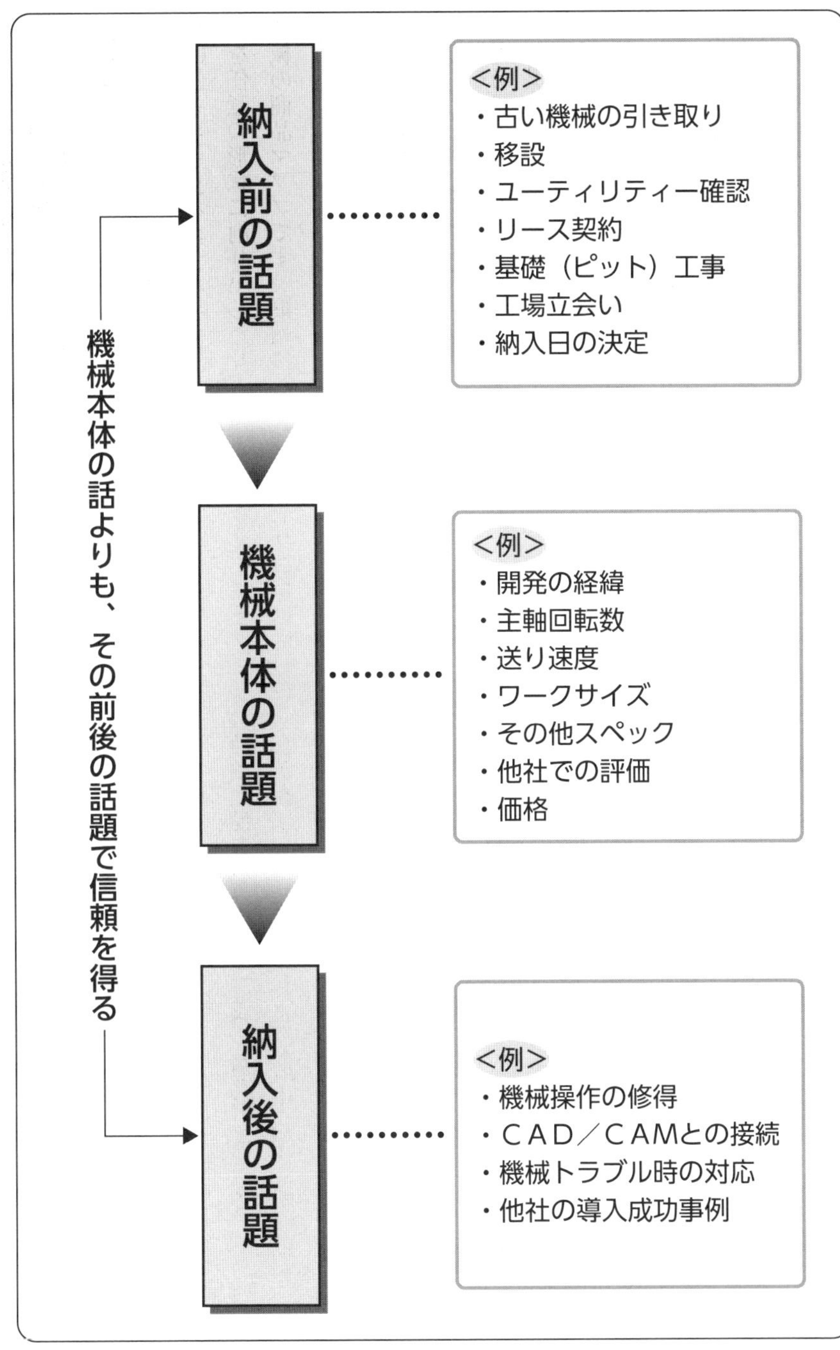
納入前の話題
<例>
・古い機械の引き取り
・移設
・ユーティリティー確認
・リース契約
・基礎（ピット）工事
・工場立会い
・納入日の決定
機械本体の話題
<例>
・開発の経緯
・主軸回転数
・送り速度
・ワークサイズ
・その他スペック
・他社での評価
・価格
納入後の話題
<例>
・機械操作の修得
・ＣＡＤ／ＣＡＭとの接続
・機械トラブル時の対応
・他社の導入成功事例
機械本体の話よりも、その前後の話題で信頼を得る

68 「信頼」を得るためにはさらに「全体」の話もする

◎お客にとって、どういうことが必要かを把握する

次に「全体」の話の例として、左を見てください。これは、「マシニングセンタ」という、鉄など金属のブロックを任意の形状に削り出したり、穴を開けたりする工作機械の商品マップです。縦軸に「剛性」を取り、横軸に「精度」を取っています。

「剛性」とは、機械そのものの強さのことで、「剛性」の高い機械は、バリバリと金属を削れるわけです。逆に「剛性」の低い機械は、少しずつ金属を削ることになりますから、加工に時間がかかります。

「精度」とは、どれだけ細かく加工ができるかということです。ミクロン台（1／1000）のレベルで細かい加工ができる機械もあれば、5／100程度のレベルでないと加工できない機械もあります。

もちろん、「剛性」が高くて「精度」も高ければそれはすばらしい機械ですが、「剛性」と「精度」はなかなか両立しません。また、「精度」を追求すると、機械の価格は2倍から3倍以上にはね上がります。

つまり、どんなレベルの「剛性」と「精度」がそのお客に必要なのかを把握し、その商品が最適であることを説明するのが、「全体の話」ということになります。

◎自社商品のポジショニングを理解しておく

たとえば、精度が必要な金型の仕上げに使用するのならC社の機械が最適だし、鋳物のブロックをガリガリ削りたいのであればA社の機械、汎用的な部品加工であればD社の機械がよいといった具合です。

もちろん、こうしたことはカタログのスペックを並べてみてもわかりません。市場の評価の中から、だいたいのポジショニングを行い、「全体の話」をするのです。

前項で述べた「前後の話」と比較すると、「全体の話」というのは少しむずかしいかもしれません。しかし、たとえ間違っていたとしても、自分なりに自社の商品が全体の中でどのポジションなのかを理解していないと、お客を納得させることはできません。何が縦軸なのか、何が横軸なのかを自社の商品にあてはめ、「全体の話」をするように心がけていただきたいと思います。

◆「全体」の話で説得力が増す◆

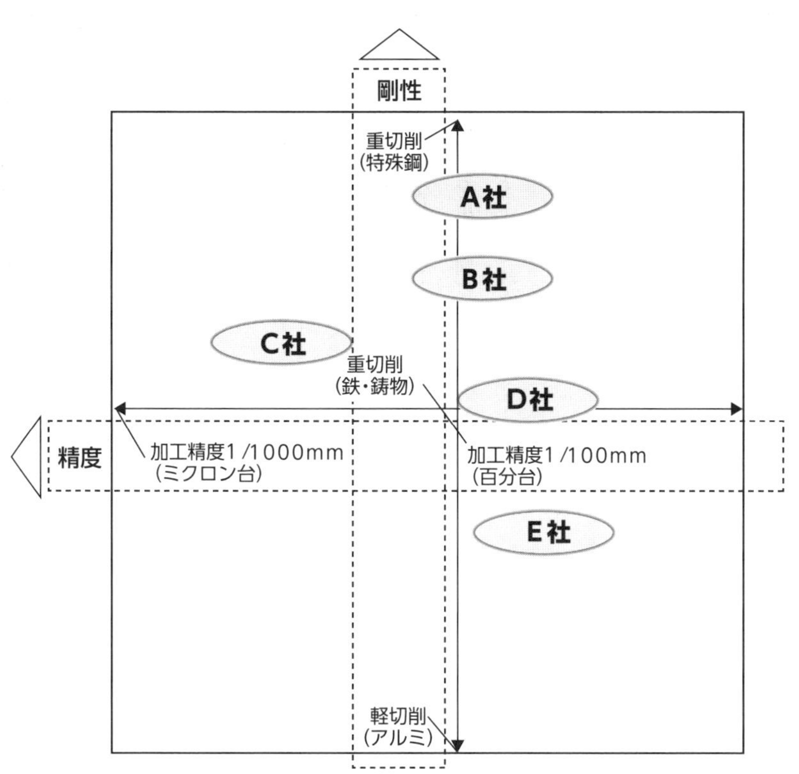

●たとえば工作機械の場合であれば、「剛性」と「精度」でマトリックスを考えれば全体の話をすることができる

●あなたが工作機械商社の営業担当だったとすると、次のようなセールストークになるはず
『カタログ上はすべて同じに見えますが、A社はとくに重切削タイプの機械です。C社の場合はそこまでの剛性はありませんが、精度面ではミクロン台の精度を安定的に出すことができます。通常の鉄・鋳物の部品加工だと、D社の機械がよく出ています』

●このように全体の話をすることで、説得力が増す

69 見積書提出にもテクニックがある

◎まず、先方の概略予算をつかんでおく

高額な生産財を販売する際、最も注意しなければならないのが見積書の提出です。よくあるのが、見積書とお客の予算との間に大きな差があり、お客から「こんな価格では話にならないよ」と言われてしまうことです。

商品が高額になるほど、商談の〝つかみ〟が大切で、こちらのペースに相手を乗せなければなりません。ですから、お客から出鼻をくじかれないような見積書の出し方をしなければなりません。

まず、見積書を出す前に、先方の概略予算をつかんでおく必要があります。それを大きく超えるような場合は、「現時点では初回見積りですのでこの金額ですが、もう少し具体的になれば、工場サイドにも交渉をすることが可能になります」と言いながら見積書を出すのです。

事実、実際に原価計算を行う技術サイドにしても、商談の状況や細かい仕様がわかれば、コストダウンの余地が発生することはよくあります。とにかく、まずは商談を継続させることを、営業担当としては考えるべきです。

◎納期などは見積書提出時に詰めておく

また、見積書を提出した後も、商談フォローは必要です。とは言え、「あの見積りどうなりました？」としつこくしていたら、「あの営業担当はしつこいから、引合いを出すのをやめておこう」となってしまいます。

そんなことを防ぐためには、見積書を出す段階で「納期はいつごろになりますか？　工程を確保する必要もありますので…」と納期を明確にしておきます。そうすれば事後フォローも、「そろそろ手配をしませんと納期が間に合いませんが…」と自然にできるようになります。

このとき、納期が不明確な案件は商談と考えず、参考見積り程度にとらえるべきです。仮に「高い」と言われても、「納期が明確になれば技術を説得できるのですが…」と返せばよいでしょう。

また、見積書はこちらから積極的に出すものではなく、相手から求められたときだけ出すようにしなければなりません。見積書の乱発は、こちらのブランドイメージを下げることにつながります。

◆見積書提出のテクニック◆

1 相手の概略予算をつかむ

●相手の概略予算をオーバーするような見積り、あるいは相手の概略予算がわからない場合は、「もう少し具体的になれば、製造サイドとも交渉できます」など、含みを残して見積書を出す

2 納期を確認する

●納期を押さえなければ、クロージングのタイミングがわからないし、見積書提出後のフォローもうまく行えない

3 しつこくフォローしない

●見積書を提出して、その後しつこくフォローするのが最も嫌われます。あくまでも、「納期のことがありますので…」というスタンスだと、「しつこい」とは思われない

70 売りにくい会社、売りやすい会社

◎購買の意思決定権を握る

お客の部署によっても、売りにくい会社と売りやすい会社があります。たとえば、設備購入に際して、「購買部門」が力を持っている会社は売りにくい会社です。それに対して、「生産技術」「製造部門」などの生産現場が力を持っている会社は売りやすい会社と言えます。

とくに高額商品になってくると、工場の中でも資産計上されますから、稟議などの手続きを踏まなければ購入できません。基本的に大手ユーザーの場合、生産財の購入は「購買部門」が関与しますが、関与の仕方が形だけのケースと、主導権を持って購入する場合があります。

生産現場が力を持っている会社の場合、「購買部門」から形だけのネゴ（値引き交渉）が来ますが、どんな設備を購入するかは、「生産技術」なり「製造部門」なりで固められており、「購買部門」の意向でひっくり返ることはまずありません。

ところが、「購買部門」が力を持っている会社の場合、いくら生産現場が強く推薦してくれても相見積りを取られ、価格だけでひっくり返されてしまうことが往々にしてあります。また、せっかく生産現場との打合せでこちらがよいアイデアを出しても、「購買部門」はさらに安い見積りを取ろうとして、そのアイデアをライバル企業に漏らしてしまうこともよくあります。

◎売りにくい会社にこだわり続けることはない

このように、売りにくい会社と売りやすい会社があり、高額商品の場合はその傾向がとくに顕著になります。たとえば「購買部門」などがなく、オーナーの一存で設備の選定が決まる中小企業などは、どちらかというと売りやすい会社と言えるでしょう。また、「購買部門」を持つ大手企業でも、現場の意向を重視する会社もあり、購買パターンはその会社によってまちまちです。

ここで言いたいことは、「売りにくい会社」にいつまでもこだわるのではなく、「売りやすい会社」を新たに開拓したほうがよいということです。営業で成果が上がらないのは、「売り方がまずい」ケースもありますが、「売り先がまずい」ケースも多いからです。

◆売りにくい会社と売りやすい会社を比べると◆

	売りにくい会社	売りやすい会社
発言力を持つ部署	購買・資材・調達部門	生産技術・製造部門
部署の主な任務	コストダウン	生産性向上
重視すること	購入コスト	費用対効果
よく見られる購買パターン	•仕様をオープンにして相見積りを取りまくる •営業努力や誠意が通じにくい	•信頼、信用できる人間に相談する •営業努力や誠意が通じやすい
よく見られる業種	付加価値がつけにくい、あるいは技術的に成熟している業種	付加価値が高く、技術革新がありスピードが求められる業種

購買部
別に急いでいないから、高ければ買わないよ!!
部長
トータルでコストが下がる提案がほしいね!!
図面
課長

売りにくい会社

…購買・資材・調達部門が力を持っている

売りやすい会社

…生産技術・製造部門が力を持っている

71　「与信管理」は営業の〝要〟の部分

72　会社が「倒産」することの意味

73　「危ない会社」に見られる兆候とは

74　「決算書」の基礎知識は必須

75　与信管理のために決算書のここを見る

76　興信所はこのように活用しよう

77　リース会社の活用方法も知っておこう

78　日々の営業活動における与信管理上の注意点

79　万一、取引先が倒産したら

80　与信管理の鉄則とは

8章 与信管理と回収は営業の“要”

——大きなダメージを出さないためのテクニック

71 「与信管理」は営業の〝要〟の部分

◎生産財営業では、営業と不可分な活動

「与信管理」と聞いただけで、苦手意識を感じる方も多いかもしれません。営業活動の〝要〟の部分ですが、その内容自体は複雑なものではありません。

つまり、①売ってよい相手かどうか判断する、②売ってよいのであれば、どれだけ売ってよいのかを決定し、それをルール化する、ということです。

1章でも触れましたが、生産財営業は与信管理も同時に行わなければなりません。なぜなら、高額商品を「掛け」で売っているからです。

つまり、商品を納めて実際にお金がもらえるのは、1ヵ月以上先です。さらに、回収条件が手形の場合だと、実際にお金が手元に入るのは数ヵ月先になります。

商品を納めて代金を回収するまでの間に、万一お客が倒産してしまったら、商品代金の回収は事実上不可能になります。また、手形が回収できたとしても、その手形が落ちる期日までにお客が倒産してしまったら、その手形は「不渡り」となり、やはり商品代金は焦げ付くことになります。

◎焦げ付きを出したときのダメージの大きさは

さらに、継続的な取引を行う場合、万一お客に倒産されると、こちらのダメージはきわめて大きくなります。

左を見てください。たとえば、毎月100万円の取引をしていたとして、回収条件が120日手形であれば、

100万円×4ヵ月（120日）

ということになり、400万円のお金を常にお客に対して「貸している」のと同じ状態になります。万一このお客に倒産されると、100万円の商売のつもりが、400万円の焦げ付きを発生させることになります。

また、仮にこの会社が商社で、平均15％の利益率で商売していたとすると、400万円を取り返すためには、2600万円の売上が必要になります。100万円の商売のつもりが、2600万円のダメージになるのです。

このように生産財営業においては、いかに受注をして売上を上げていたとしても、与信管理を怠って倒産事故にあってしまっては、元も子もなくなるのです。

◆倒産事故のダメージ◆

……たとえば、毎月１００万円の売上がある取引先の場合、

毎月＝ 100万円

もし、回収条件が120日サイト（4ヵ月）の手形なら、売上債権は400万円

売上債権＝ 100万円 ＋ 100万円 ＋ 100万円 ＋ 100万円

この取引先が倒産したら、取り戻すのに粗利400万円、
売上に換算したら2600万円の売上が必要

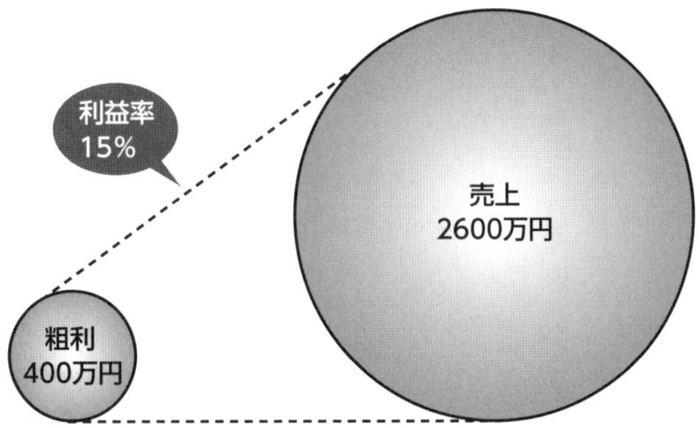

毎月100万円の売上、粗利に換算して毎月15万円の取引先からもたらされるダメージは、2600万円の売上

72 会社が「倒産」することの意味

◎6ヵ月以内に2回の「不渡り」を出すと「倒産」

では、会社はいったいどのようなときに「倒産」するのでしょうか。これはひと言で言うと、「払うべきときに払うべきお金がないときに倒産する」ということです。

つまり、いくら利益が出ていたとしても、手元にお金がなく、仕入先に振り出した手形の決済ができなくなると、会社は倒産に至ります。

通常の会社は仕入れ等をするにあたり、手形を振り出します。このように振り出した手形で、決済期日になっても決済できない状態のものを「不渡り手形」と言います。1回目の不渡り手形を出してから、6ヵ月以内に2回目の不渡り手形を出すと、銀行取引停止処分になります。この状態を「倒産」と呼びます。

実際には、不渡り手形を1回でも出すと自社の信用はなくなり、手形払いを現金払いに変更せざるを得ない、あるいは仕入れができなくなったりして悪循環に陥り、6ヵ月を待たずして2回目の不渡りを出すに至ります。

また、資金繰りが厳しくなり、万策尽きた経営者や関係者が、不渡りを出す前に、「破産」の申立てや「会社更生」「民事再生」などの申立てを行うこともあります。

◎倒産されれば販売代金の回収はほぼ不可能に

左に示すとおり、倒産には会社を再建することを前提とした「再建型」の倒産と、会社を清算することを前提とした「清算型」の倒産という2タイプあります。

しかし、いずれにしても、倒産されてしまったら、販売代金の回収はほぼ不可能です。回収できたとしても、何ヵ月から何年も時間がかかり、かつ販売代金の5～10％程度回収できればよいほうです。

つまり、生産財営業担当として、倒産事故は何としても防がなければなりません。では、どうすれば「倒産する会社」を見抜くことができるのでしょうか。

会社が突然倒産してしまうというのは、きわめて稀なことです。倒産する前に必ず何かその兆候、危険信号のようなものがあるはずなのです。日々客先に訪問している営業担当は、そうした危険な兆候を読み取り、与信判断をしなければならないのです。

◆「倒産」にもいろいろある◆

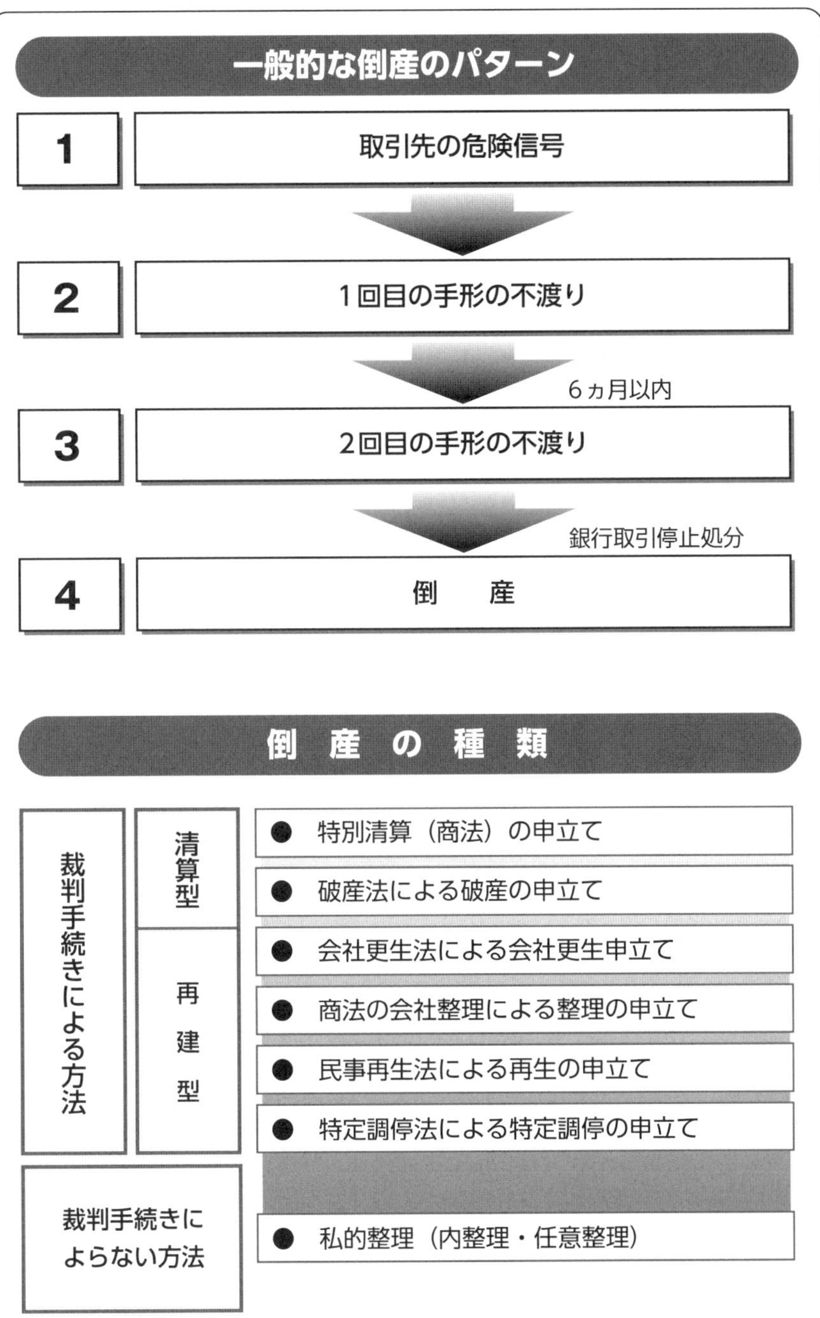
一般的な倒産のパターン
1
取引先の危険信号
2
1回目の手形の不渡り
6ヵ月以内
3
2回目の手形の不渡り
銀行取引停止処分
4
倒　産
倒　産　の　種　類
裁判手続きによる方法
清算型
● 特別清算（商法）の申立て
● 破産法による破産の申立て
再建型
● 会社更生法による会社更生申立て
● 商法の会社整理による整理の申立て
● 民事再生法による再生の申立て
● 特定調停法による特定調停の申立て
裁判手続きによらない方法
● 私的整理（内整理・任意整理）

73 「危ない会社」に見られる兆候とは

◎営業活動で注意しておくべき〝黄色信号〟

　では、どのような会社が倒産に至る「危ない会社」なのでしょうか。危ない会社に見られる兆候として、注意が必要な〝黄色信号〟と与信保全の対策が必要な〝赤色信号〟に分類すると、左図のようになります。

　これらの兆候は、営業活動の中でわかるものがほとんどです。「在庫が大幅に増えた、減った」というのは、悪い見方をすると、決算時の経理操作やダンピングの可能性があります。「経理担当者の不在が多い」というのは、資金繰りが苦しく、金融機関に出向いている可能性があります。「事務所や工場の大きさの割に社員が少ない」というのは、過去に多くの社員が辞めた可能性があります。「社屋を移転した」というのは、資金繰りが苦しく、家賃負担の軽いところに移った可能性があります。

　さらに、「取引条件のダウンを求めてきた」ら、資金繰りがきつくなってきた兆候です。

　取引条件のダウンとは、従来、現金で支払っていたものを手形に代える、あるいは手形サイト（手形を振り出してから決済されるまでの期間のこと）を伸ばすといった要請のことです。

◎〝おいしい話〟にも要注意

　また、危険な兆候の赤信号としては、まず「ダンピング」が挙げられます。ダンピングとは採算を度外視した安売りのことです。資金繰りに詰まってくると、最後の手段としてダンピングをはじめます。また、「社員が多く辞める」、とくに経理社員が辞めるというのも赤信号です。「手形ジャンプを求めてきた」り、「リース支払いの遅延」ということになってくると、それはまさに末期症状です。

　こうした危険な兆候のほかにも、不自然に〝おいしい話〟を持ちかけられたときも要注意です。とくに営業努力もしていないのに、それまでライバル企業から購入していた製品を自社に切り替えてくれた、などというのも要注意です。ライバル企業が与信上の理由で、その会社との取引をやめてしまった可能性があるからです。まさに、〝おいしい話〟には要注意ということです。

◆危ない会社にはこんな兆候が◆

黄色信号

- 取引先銀行が変わった
- 在庫が大幅に増えた、あるいは大幅に減った
- 経理担当者に不在が多い
- 事務所や工場の大きさの割に人が少ない
- 社屋を移転した
- 同業者の間で業績不振の噂がある
- 赤字決算になった
- 支払い条件のダウン（例：現金→手形）を求めてきた

赤色信号

- ダンピングをはじめた
- 従業員が多く辞める、とくに経理担当者が辞めた
- 手形のジャンプ、あるいはリース支払いの遅延が発生した
- 赤字決算が3期連続している
- 債務超過に陥った、あるいは実質債務超過

●与信管理は営業担当の仕事。危ない会社の兆候は、現場でなければ絶対にわからない

●とくに、事務所や工場の大きさの割に社員が少ない会社は要注意。過去に多くの社員が辞めた可能性がある

●いわゆる「おいしい話」には要注意。別の納入会社が与信上の理由で、その会社との取引を打ち切った可能性があると考えられる

74 「決算書」の基礎知識は必須

◎「決算書」は相手の会社の内情を知る手がかり

相手の会社の内情を知るための手段として、「決算書」があります。新規取引を開始する際、あるいは継続取引においては定期的に、必要に応じて決算書を見せてもらうことによって、相手の会社の内情が把握できます。

したがって、生産財を売る営業担当として、決算書の最低限の知識を持っておくことは必須と言えます。

決算書とは、「損益計算書」と「貸借対照表」の2種類のことを指し、財務諸表と呼ばれることもあります。

損益計算書と貸借対照表の構造を左に示します。

財務知識がなくても、比較的読みやすいのは損益計算書のほうでしょう。損益計算書とは、1年間にどれだけその会社が売上を上げたか、経費を使ったか、利益を出したか、ということを表しています。

売上高から原価を引いたものが粗利益であり、粗利益から販売管理費（社員の給料や家賃・光熱費等）を引いたものが営業利益、営業利益に本業以外で得た利益（営業外収益）を足し、そこから銀行に支払う金利等（営業外費用）を引いたものが経常利益、といった具合です。

それに対して貸借対照表は、その会社の財産の状態を表したものです。

貸借対照表の左側を「貸方」、右側を「借方」と言います。「貸方」の部分では資金の調達源を示し、「借方」の部分では、調達された資金がどのように使われているかを示しています。資金の調達とは、流動負債（1年以内に支払う必要がある負債）、固定負債（1年を超えて支払う負債）と自己純資産によるものに分類されます。そのように調達された資金が、現金預金、在庫、会社の土地建物等に姿を変えているという見方をします。

◎決算書に見る心配の少ない会社とは

損益計算書で言うと経常利益、あるいは当期利益は多ければ多いほどいいし、貸借対照表で言うと、資金の調達源が自己純資産であるほど、すなわち自己純資産が多ければ多いほど、よい会社ということになります。つまり、与信管理を行ううえで心配の少ない会社ということになります。

◆「決算書」の構造は◆

損益計算書

経常損益の部	営業損益の部	+）売上高 −）売上原価 売上総利益（粗利益） −）販売管理費 営業利益
	営業外損益の部	+）営業外収益 −）営業外費用 経常利益
特別損益の部		+）特別利益 −）特別損失 税引前当期利益
		+）法人税等 当期利益

貸借対照表

資産	**流動資産** （1年以内に現金化される、流動性の高いもの。現金、売掛金、在庫、手形など）	負債	**流動負債** （1年以内に返済の必要がある元手。短期借入金、買掛金、未払金、前受金など）
			固定負債 （1年以上の長期で返済の必要のある元手。長期借入金、社債など）
	固定資産 （1年以上の長期にわたって使用されるもの。土地、建物など）	純資産	**純資産金**（株主からの出資金）
			利益準備金、剰余金（過去の利益の蓄積）

75 与信管理のために決算書のここを見る

◎最低限押さえておくべきポイントとは

決算書（損益計算書・貸借対照表）の構造についてはこれまで述べたとおりですが、では実際の与信管理をするにあたって、決算書を見るうえでのポイントは何でしょうか？

生産財営業担当として、最低限押さえておくべきポイントに絞ると、以下のようになります。

(1) 損益計算書

①営業利益は出ているか？

営業利益とは、本業で稼いで得た利益のことです。当期利益が黒字でも、営業利益が赤字ということは、自社の資産を売るなどしてムリやり黒字にしている可能性があります。

②経常利益は出ているか？

経常利益とは、営業利益から銀行などの金融機関に支払う利息を引き、本業以外で稼いだ利益をプラスしたものです。営業利益がプラスでも、経常利益がマイナスであれば、借入金が大きく、利息の支払いが大きな負担になっている可能性があります。

(2) 貸借対照表

①借入額が粗利益額以内に収まっているか？

短期借入金と長期借入金を足したものが、損益計算書の粗利益（売上総利益）以内に収まっていれば適正借入れ水準以下で、超えている場合は注意が必要です。

②自己純資産比率が10％以上あるか？

自己純資産比率とは、「純資産」の合計を「総資産」で割り算したものです。自己純資産比率が高ければ高いほど、倒産しにくい会社と見ることができます。

一般に、自己純資産比率10％以上が安全水域です。「純資産」がマイナスになっている状態を「債務超過」と言い、完全な危険信号です。

本来、財務分析は過去数期分の決算書を比較・分析するものですが、ここでは生産財営業担当として最低限知っておくべき知識にとどめておきます。より詳細を勉強したい方は、ぜひ財務分析の本を手に取っていただきたいと思います。

◆「決算書」の押さえておくべきポイントは◆

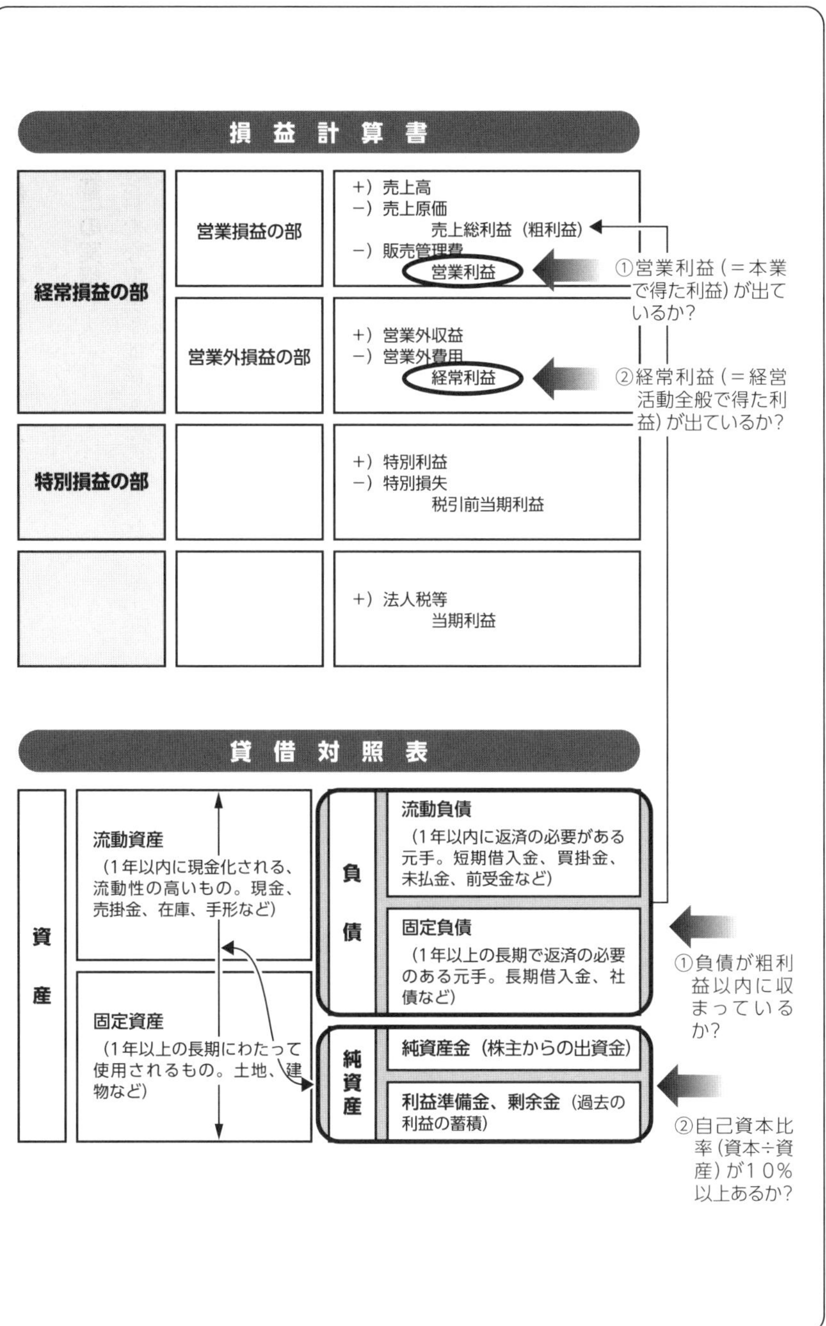

76 興信所はこのように活用しよう

◎「企業信用調査」の実情

新規開拓先と新たな取引を開始する際や、継続取引先で不穏な兆候がある場合、興信所を使って相手の信用調査を行います。こうした与信管理を行ううえでの調査のことを「企業信用調査」と言い、大手では「帝国データバンク」「東京商工リサーチ」、中堅としては「日本信用調査」などがあります。料金は1件3～4万円程度で、求める調査スピードによって料金は高くなります。

一般的な企業信用調査の内容を、左に示します。

では、興信所はどのようにして、こうしたデータを調査するのでしょうか。答えは簡単で、直接その会社に電話をかけてアポを取り、取材に行って聞き出してくるのです。そうすると、こうした興信所の調査に対して前向きかつオープンに協力する会社もあれば、それこそまったく取り合わない会社まで千差万別です。

調査相手が取材に協力してくれれば、興信所としても問題なく信用調査レポートが書けますが、調査相手が協力してくれなければ、信用調査レポートも書き手の主観が大きく入らざるを得ません。さらに、なかには興信所に対して実態よりもよく見せかけた決算書（つまり粉飾決算書）を渡す企業もあります。

◎あくまでも参考程度に考える

実際に、興信所のデータ上は問題ない評価（評点）でも、あっさり倒産する会社というのはたくさんあります。つまり、興信所のデータというのはあくまでも参考程度に考えるべきであり、実際の与信判断は客先へ行ったときの雰囲気や経営者の資質、さらに73項で挙げたような危険信号を肌で感じるほかありません。

また、中堅以上の会社であれば興信所の調査にも慣れていますが、調査対象がふだん興信所も調査に行かないような小企業の場合は、あらかじめ客先に「会社の決まりで興信所のデータが必要で、近日中に興信所が調査に行くと思いますので、よろしくお願いします」と伝えておくほうが無難でしょう。後日お客から、「興信所が調査に来たぞ！　お前のところが頼んだのだろう！」と、クレームになる可能性があるからです。

◆企業調査の主な内容◆

1 企業概要

商号、代表者、本店所在地、資本金、大株主、設立年月日、業種、従業員数、格付評点、所見

2 登記内容

定款の目的、役員

3 代表取締役の経歴

年齢、住所、学歴、人物、資産

4 設備概要

5 業　　歴

設立の経緯、資本金の推移

6 業　　績

決算の推移、その説明

7 仕入関係

主要仕入先名、取引割合、仕入先からの情報

8 販売関係

主要得意先、取引割合、得意先からの情報、不良債権の情報

9 金融機関との取引関係

取引金融機関名、借入れ状況、信用度、金融機関からの情報

10 財務内容

貸借対照表、損益計算書、キャッシュフロー計算書

11 資金繰りの状態

12 現況と将来性

13 不動産登記関係

77 リース会社の活用方法も知っておこう

◎メリットの多いリースの活用

ある機械メーカーが、A社に1000万円の機械を売ろうとしたとき、A社の手元には現金がなかったとします。A社が機械を購入するためには、新たに借入れを起こすか、リース会社を活用することになります。

もし、A社がリース会社を活用することを希望するのであれば、リース契約を結び、機械メーカーはリース会社に機械を販売し、リース会社はその機械をA社に貸し（リースし）、毎月賃貸料（リース料）を徴収することになります。

リース会社を活用すれば、仮に手元に資金がなかったとしても、高額な機械設備を購入することができます。

さらに、リースで機械設備を購入すれば、原価償却の計算や固定資産の支払いをする必要がないため、経理的な工数を削減することができます。

また、購入した機械設備が自社の資産に計上されませんから、ROA（総資産に対する当期純利益の割合）が向上する、法定耐用年数よりも早く償却できるといったメリットが挙げられます。実際に手元から出て行くお金自体は、自社購入よりもリースのほうが多くなりますが、このようなメリットがあるため、生産財の購入においてはリース会社が多用されています。

◎お客にアドバイスできるリース知識を持とう

便利なリース会社ですが、当然のことながら手数料を取られます。リース会社の手数料のことを「倍率」と言いますが、リース料は複数の会社から見積りを取り、最も条件のよい会社と契約するという視点が必要です。リース終了後の再リースの条件も確認が必要です。

また、どのような会社でもリース契約ができるわけではありません。リース会社もリース先企業の審査を行います。財務状態の悪い会社、たとえば債務超過や、3期連続して赤字に陥っているような会社は、こうした審査に通らない可能性が大です。

生産財を販売する営業担当も、こうしたリース会社に関する最低限の知識を持ち、お客にアドバイスできるようになるべきでしょう。

◆リース取引とは◆

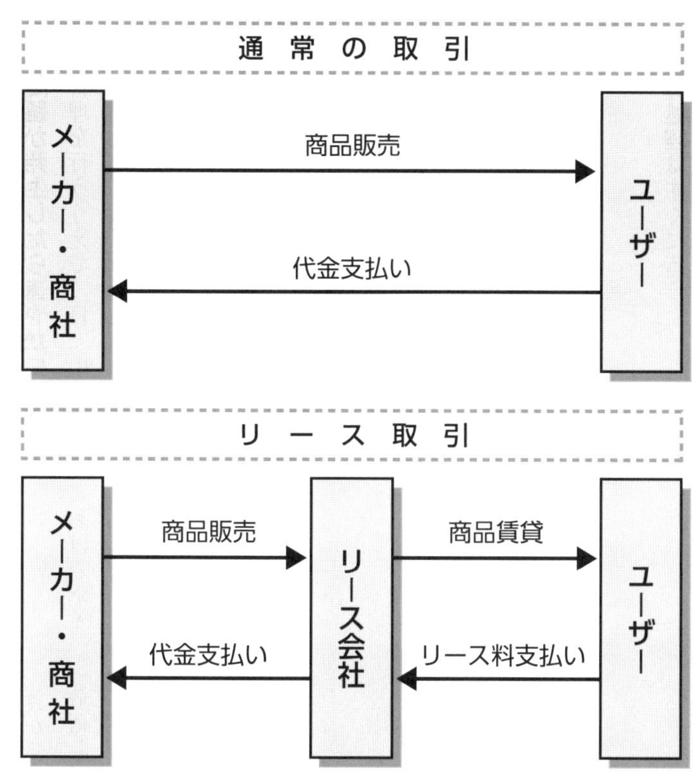

- リース取引の場合、リース会社はメーカー・商社に対し一括での支払い（手形か現金）、ユーザーからリース会社へは毎月の支払いというスタイルが一般的
- リース会社を活用するメリットとしては、
  ①資金調達なしに、設備投資を行うことが可能である
  ②リース料は経費で落とせるため、経理処理が簡単である
  ③リース料は一定であるため、金利変動などの影響を受けない
  ④法定耐用年数にとらわれず、その設備の収益効果に合わせた償却が可能である
  ⑤購入した設備が資産計上されないため、ＲＯＡが向上する
  といったことがある
- 毎月のリース料の算出方式は、
  物件金額×消費税率（1.05）×リース倍率÷リース期間（年）÷12
  となります。リース倍率の中に、リース会社の手数料、動産保険などが含まれますが、リース倍率はリース会社によって異なる

78 日々の営業活動における与信管理上の注意点

◎もし問題が発生したら速やかに処理する

与信管理を行ううえで、日々の営業活動におけるポイントを上げると、以下のようなことになります。

(1) 注文書を取る

たとえば、継続的な取引の場合、注文書を取らずに商品だけを先に納入することはよくあります。しかし、万一相手が倒産した場合、手元に注文書が残っていないと、債権の権利を主張することができません。商品納入後でも、速やかに注文書を取ることです。

(2) 集金を怠らない

ついつい、営業担当は売ることだけに神経が集中してしまいますが、商品代金を回収するところまでが営業担当の仕事です。集金日を忘れないのは当然のことで、きちんと期日に振込みがされているかどうかもチェックします。

(3) 違算処理はすぐに行う

違算とは、こちらの請求と相手の支払い金額が異なる状態のことを言います。とくに継続的な取引の場合、違算が発生しやすくなります。違算が発生してからそれを放置していると、回収できるはずのお金まで回収できなくなります。違算が発生したらすぐに処理を行い、相手に支払いを督促することです。

(4) 必要に応じて各種契約書を取る

たとえば、継続的な取引の場合には、「継続的売買契約書」といった契約書を取るのが一般的です。また、相手の与信状態が悪化した場合には、連帯保証等の契約書を取るといった手を打ちます。

(5) 危険信号の兆候を見落とさない

会社が倒産する前には、73項で述べたような危険信号が見られるようになります。そこを見落とさないようにすることです。

これらのことをまとめると、お金にからむことについては、きちんとした印象を相手に与え、問題が発生したときにはスピード処理をするということです。お金のことは1円でもきちんとする、問題は放置せず即時処理することがポイントなのです。

◆日々の営業活動における注意点◆

	注意点	目的
1	注文書を取る	債権保全・トラブル回避のため
2	集金を怠らない	未回収の防止・信用の確保のため
3	違算処理はすぐに行う	未回収の防止・信用の確保のため
4	必要に応じて各種契約書を取る	債権保全のため
5	危険信号の兆候を見落とさない	債権保全のため

- 上記の注意点は、ある種「当たり前のこと」ばかり。しかし営業という仕事の特性上、日々の忙しさの中で「当たり前のこと」をきちんとこなしていくためには、強い意志が必要なのも事実
- とくにお金に関わることは日頃から、細かく管理していかなければならない。ふだんからお金に関わることに対してきちんとしていれば、お客もきちんとした対応を取ってくれる
- 与信管理を行ううえで重要なポイントは、お客から「あの人はきちんとしている」というように見られること

79 万一、取引先が倒産したら

◎まずは、商品を引き上げることを考える

万一、取引先が倒産したら、営業担当としてまず実務的に考えなければならないことは「商品の引上げ」です。つまり、商品代金を回収できないのであれば、せめて自分が販売した商品だけでも回収することによって、自社の被害を最低限に抑えるということです。

このときに注意すべきは、相手の承諾なしに商品を引き上げてはならないということです。ましてや、倉庫の錠前を壊して侵入するなどしたら、間違いなく窃盗罪に問われることになります。法的にはむずかしい部分もあるのですが、商品を引き上げることについて相手から承諾を得て、そのことを文書にしておけば、後で刑事事件になるのは防ぐことができます。

この際の承諾書の文例を、左に示します。ただし、こうした承諾書などを脅して書かせたりすると、恐喝罪に問われることがありますから、やはり注意が必要です。

◎所有権の留保という方法もある

しかし、実際には経営者が夜逃げするなどして、倒産現場にはさまざまな債権者が押しかけ、混乱します。このとき、工作機械のような設備もので、リースおよび割賦販売のケースで所有権の留保（完全に商品代金を支払い終えるまで、所有権を商品の使用者に移転しないこと）がされている場合は、他の債権者に持ち去られないよう、実の債権者は引き上げることが可能になります。

こうした場合に備えて、機械設備等を自社のリースや割賦で販売する際には、所有権の留保がされていることを証明する銘板を、その機械設備に貼り付けておく必要があります。

これをまとめると、承諾書にサインをもらって商品を引き上げる、あるいは所有権の留保をしておき、商品を引き上げるということが基本になります。実際には、弁護士と相談してから事にあたる必要があります。

いずれにしても販売先が倒産して、営業担当がこうした動きをせざるを得ないというのはまさに最悪の状況であり、ふだんから与信管理をきちんと行って、避けなければならないことなのです。

◆最悪の状況下でもできることを行う◆

承諾書

貴社から仕入れました左記の商品の代金を当社が支払わないため、本日貴社との売買契約を解除することに合意しました。ついては右商品を引き取られることに異議はありません。右の二点を明らかにするため本書を差し入れます。

記

商品の表示
電動工具（型式○○）20式

平成○年○月○日
大阪府○市○区○丁目○番○号
株式会社△△
代表取締役　○○　○○　㊞

○○株式会社　御中

- 上記に、商品引上げのための「承諾書」の文例を示す
- 「商品の引上げ」というのは最悪のパターンであり、実際には夜逃げをされるなど、実行が困難なケースも少なくない。このようなことが起きないように、日頃から与信管理をきちんと行うのが基本
- 倒産に至ることが明確になってきた場合は、自社が入れた商品の監視のために現場に張り付くと同時に、自社の与信管理部門や弁護士と相談して、債権保全のための手立てを講じる

80 与信管理の鉄則とは

◎営業担当が主体的に行う

営業担当が知っておくべき、与信管理のポイントについて述べてきました。さらに詳しいことについては、与信管理や財務分析の専門書をお読みになることをお勧めします。

一般的に与信管理は、営業とは別セクションで担当することが多いものです。営業としては、売って数字をつくることで頭がいっぱいというのが本音かもしれません。

しかし、取引先の実態というのは、興信所の調査だけでは絶対につかめません。やはり、日々訪問している営業担当でなければわからない、危険信号というものがあるはずです。与信面における危険信号が早くキャッチできれば、販売金額を落とすなどといった対策も早く打てます。そう考えると、与信管理を主体的に行うべきなのは営業担当なのです。

◎危ないと思われる先には売らないこと

営業担当が知っておくべき与信管理の鉄則は、「危ないと思われる先には売らない」「危ないと思う取引には乗らない」ということに尽きます。そして「毅然とした態度を取る」ということです。

たとえば、口頭発注だけで注文書をくれないお客、必要な印鑑をついてくれないお客、必要な決算書を出してくれないお客もあります。このように、対等のお付き合いができない相手というのは、基本的に取引すべきではないというのが私の考え方です。

また、金払いが悪い、勝手に支払い条件や金額を変えてくるようなお客も同じです。ただ、営業担当の立場として、お客だけを責めることはできません。私の経験から言っても、こちらが毅然とした態度で、営業担当として役割をしっかりとはたしていれば、そんなに非常識に接してくるお客というのはいないはずです。

営業担当ですから、数字に困ってくると、「ここは危ないかな」と思われる先へも足が向いてしまうものです。そこは強い意志で、いくら与信限度内の取引であったとしても、「ここは危ない」と感じたら売らないこと、取引に乗らないこと、これが与信管理の鉄則です。

◆与信管理の鉄則とは◆

1 危ない先には売らない

●営業数字が苦しくても、「ここは危ない」と思われる先には売らないこと。万一引っかかったら、想像以上の手間を取られることになる

2 危ない取引には乗らない

●引合いをくれない先がすんなり引合いをくれた、すんなり注文をくれたなど、「おしいい取引」には裏があると思うこと

3 毅然とした態度を取る

●万一、相手から常識外の対応をされた場合は、毅然とした態度を取らなければ軽く見られ、与信上不利な立場になる。そのためにもふだんの動き、営業担当としての役割をきちんとはたすこと

●与信管理の鉄則は、ひと言で言うと「危ない先には売らない」ということに尽きる

●数字に困ると判断の目が狂い、危ない先に売ってしまうはめになる。ふだんからきちんと種まきをを行い、商談を確保するような動きをしておくこと

●また、自分が努力もしていないのに「おいしい話」が舞い込んできても要注意。世の中はそんなに甘くない

●与信管理上、取引できるかできないかの判断基準のひとつに、「自分自身が連帯保証をしても大丈夫か」ということが挙げられる。基本は、自分自身が連帯保証できないような相手に売るべきではないということ

9章

トラブルやクレームを上手に処理するには

——前向きな取組みで“災い転じて福”とせよ

81 生産財営業担当は「トラブル解決業」

◎技術面の知識では技術者には敵わない

ここで改めて考えたいことは、生産財業界において「営業」の仕事とは何か、ということです。

もちろん、モノを売るのが営業の仕事です。しかし、技術的要素の高い生産財の場合、営業活動を設計者などの技術者が行う場面が数多く見られます。それは、仕様打合せについて専門的な技術が求められることも多いからです。当然のことながら、営業担当よりも技術者のほうが知識はあります。そう考えると、生産財業界においての営業の役割を、真剣に考えるべきでしょう。

もちろん、営業担当の仕事の本質はモノを売ることですから、技術の勉強をしたり商品知識を身につけ、説得力のあるセールストークを展開できるスキルは持たなければなりません。また、引合いの内容に応じて最適な技術者を動員する、コーディネート力も必要でしょう。いわゆる、技術者をその気にさせる熱意も必要です。

◎トラブルが発生しないなら営業は必要ない

しかしそれ以上に、生産財業界において営業担当の仕事は「トラブル解決業」と言えるでしょう。

生産財の多くが、工場ラインの中で収益を上げるために使用されており、それが故障すること自体がお客に大きな損害を与えることになります。また、複雑で高度な技術が使用されているうえ、生産財の多くがお客の要求に合わせた一品料理的色合いが強いものですから、想定していないようなトラブルも発生します。

綿密な打合せを実施し、細かく仕様書を取り交わしていても、そこでカバーしきれない、お客、メーカーどちらの責任とも言えないようなトラブルが発生します。

このとき、つくり手である製造サイドと、買い手であるユーザーの双方が納得できる落とし所を探し、双方を納得させるのが営業の仕事なのです。もし、トラブルが発生しないのであれば、営業など必要ありません。

また、トラブルの発生を未然に防ぐのも、営業の仕事と言えます。左に、生産財販売によく見られるトラブル例を挙げます。どうすればこうしたトラブルを解決し、未然に防ぐことができるか、考えていきましょう。

◆生産財営業でよく見られるトラブル◆

●生産財営業でよく見られるトラブルには、以下のようなものが挙げられる

①納期遅れ

…生産財営業において、最も多いトラブル。お客にとっても重要な問題

②注文のキャンセル

…注文書が出た後でも、キャンセルということはあり得る。営業は最後の最後まで油断してはならない

③納入時におけるトラブル・仕様内容を巡るトラブル

…具体的には、納入時に商品を落とす・壊す、周辺のものを壊す、設置場所に入らない、等のことが挙げられる

④検収が上がらない

…工作機械や専用機など、高額な設備物件やカスタマイズ性の強い商品でよく発生する

⑤納入後のクレーム

…とくに補償期間内のトラブルや、明らかにメーカー側に過失があるようなトラブルが発生したときにクレームとなる

●しかし、営業担当は本来「トラブル解決業」のはず。もしトラブルが起きないのなら、営業担当は要らない。トラブルにも前向きに対応しよう

●こうしたトラブルをうまく解決することができれば、逆にお客との深い信頼関係を築くことができる。まさに、ピンチはチャンス

82 トラブル回避には「議事録」が不可欠

◎「議事録」は生産財営業担当の必須アイテム

生産財営業において、トラブルを防ぐための基本中の基本になるのが、「議事録」の利用です。30項の「訪問前の事前準備」においても、議事録は生産財営業担当の必須アイテムであると述べました。

議事録の目的と機能を左に示します。とくにオーダーメイド的な製品、取付工事・据付工事を伴うような製品の場合は、必ず議事録を取るようにします。

議事録を取るうえでのポイントは、①打合せ日時・場所・参加者・議事録作成者を明記する、②表題をつける、③決定事項を中心に、できるだけ簡潔に記述する、④「誰が」「いつまでに」「何をするのか」を明記する、⑤参加者全員のサインをもらう、⑥その場でコピーを取って、参加者全員に配布する、ということになります。

◎信用と値打ちを売るのにも役立つ

仕様を客先に応じて変えなければならないような生産財の場合（たとえばCNC工作機械）、必ず「言った・言わない」といったトラブルが発生します。また、検収条件も事前に明文化しておかないと、お客の要求だけに振り回されることになり、正当な主張をすることができなくなります。

もちろん営業の立場ですから、「議事録に書いているじゃないですか!!」と正論を振りかざすのも、その後の商売のことを考えると得策ではありません。しかし、議事録をきちんと取ってあれば、無理難題を言われることもないのです。

また、議事録は備忘録にもなりますから、商談ごとに記録を残しておけば、後々役立つこともあります。商談でメモを取るにしても、手帳にメモを取るより、議事録に文書として記入したほうが、お客に対しても「きちんとしているな」という印象を与えることができます。

ですから、議事録はメーカーの営業担当はもちろんのこと、商社の営業担当も持ち歩くべきです。そして、商談のときには机の上に議事録を広げるべきなのです。7章でも述べたとおり、生産財営業担当は信用と値打ちを売らなければならないからです。

◆なぜ、議事録が必要なのか◆

①「言った」「言わない」といったトラブルを未然に防ぐため
②仕様や検収条件を明確にすることにより、お客とのトラブルを防ぐため
③自分自身や関係者にとっての備忘録とするため
④相手に「きちんとしている」という印象を与えるため
⑤打ち合わせの場で、自分自身の存在を目立たせるため

議事録を取る際のポイント

①打合せ日時・場所・参加者・議事録作成者を明記する

…打合せ日時は「平成○○年○月○日」あるいは西暦から。場所は「○○工業㈱第１会議室」といった表記にする

②表題をつける

…議事録の内容がわかる表題をつけるようにする（例：○○組立専用機仕様打合せの件）

③決定事項を中心に、できるだけ簡潔に記述する

…議事録は速記録と違う。決定事項を中心に、その決定に至った経緯をできるだけ簡潔に記述する（例：当初はサーボによる位置決めを予定していたが、コストダウンのためエアーシリンダーによる位置決めに変更する）

④「誰が」「いつまでに」「何をするのか」を明記する

…上記決定事項について、「誰が」「いつまでに」「何をするのか」を必ず明記する（例：○○エンジニアリングより、○月○日必着で本打合せ内容に基づく仕様書を提出する…担当：○○氏）

⑤参加者全員のサインをもらう

…パソコンで議事録を取るケースも多いようだが、本来の議事録はその場で作成し、参加者のサインをもらうのが基本。備忘録としての役割の議事録であれば、この限りではない

⑥その場でコピーを取り、参加者全員に配布する

…最近はメールで後から送付されるケースも少なくないが、前述のとおり、本来はその場でコピーして配布するのが望ましい姿

83 営業担当ができる「納期遅れ」を防ぐポイントは

◎生産財業界は「納期遅れ」が発生しやすい

生産財営業において最も多いトラブルが、この「納期遅れ」です。本来、納期遅れを防ぐには、生産者がきっちりと工程管理・生産管理を行うことです。しかしここでは、営業担当としてできる範囲で、いかに納期遅れを防ぐか、というポイントについて述べたいと思います。

まず業界特性として、生産財の世界は非常に「納期遅れ」が発生しやすい業界と言えます。その要因として、①受注生産・一品料理の生産が多く、納期予想が困難、②小規模のメーカーが多く、生産管理体制が不十分、③生産者にトータルな意味でのＣＳ（顧客満足）の概念が薄い、ということが挙げられます。

一般的に、生産者は「よいものをつくろう」という意味でのＣＳの概念は強く持っています。しかし、納期管理を苦手とする生産者も多く、予定の日に工場立会いに行くと、製品がまだ完成していない、というのもよく聞く話です。納期管理は製造サイドで行うのが基本ですが、生産財業界においては営業担当も責任を持って行うことが、現実問題として求められるのです。

◎営業担当者の熱意が製造サイドを動かす

納期遅れを防ぐ方法としては、まず受注時に、製造サイドからきちんと工程表を取ることです。そして工程のポイントごとに、製造サイドに進捗状況の確認を行います。そこで納期遅れの兆候が見られたら、営業担当も製造現場に出向いて、事実関係とその対策を確認します。そうすることでこちらの熱意を伝え、製造サイドによい意味でのプレッシャーをかけるのです。

製造サイドとしても、優先順位をつけて生産を行います。工程に製造案件が集中すると、優先順位をつけざるを得ないからです。このとき、優先順位が低くなると限りなく納期は遅れていくし、逆に優先順位が高ければ納期遅れを防ぐことにつながります。

では、どのように優先順位をつけていくかと言うと、物件金額や顧客ランクということもありますが、「営業担当者の熱意」という要素も、製造サイドに大きな影響を与えるのです。

◆納期遅れを防ぐポイント◆

①受注時に製造サイドから工程表を取ること。あるいは、こちらで工程表を作成し、製造サイドから了承を取ること
②工程表のポイントごとに、製造サイドに進捗状況の確認を行うこと
③納期遅れの兆候が少しでも見えたら、自ら製造現場に出向いて熱意を見せ、よい意味でのプレッシャーをかけること

生産財業界で納期遅れが多い理由

①受注生産・一品料理の生産が多く、納期予想が困難

…自動車や家電などの一般消費財は、「見込み生産」による「大量生産」が前提なので、納期予測は比較的立てやすいと言える。ところが、生産財の場合は受注生産のケースが多く、また過去に製作したことがないような一品料理の生産も多いため、ベテランでなければ納期予測はむずかしいケースが多いと言える

②小規模のメーカーが多く、生産管理体制が不十分

…受注生産の一品料理で納期予測が立てにくいうえに、生産財メーカーには中小企業が多く、納期管理を専門にするようなスタッフが置かれていないケースが多々ある。そもそも納期遅れが発生しやすい性質の商品を、限られたスタッフで製作していくことから、納期遅れはきわめて発生しやすいと言える

③生産者にトータルな意味でのＣＳ（顧客満足）の概念が薄い

…生産財メーカーには、「よいものをつくれば売れる」「使用者も技術を持つべき」と考えているところが多く、消費財の世界ほど組織的なＣＳの概念が普及していない。納期遅れについても、「よいものをつくるために仕方がない」と考えられているケースもある

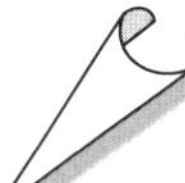

84 それでも納期遅れが出てしまったら

◎まず、客先に報告するのが基本

前項で述べたように工程表を取り、対策をしっかり打っていたとしても、納期遅れは発生してしまいます。たとえば、①技術的に難易度が高く、想定外の問題が発生する、②外注業者のミスなど、不可抗力により発生するといったことがよく起こります。

納期遅れが判明したときには、まず客先に報告するのが基本です。その際のステップは、次のようになります。

(1) 納期遅れが発生したこと、納期遅れ後の納期がいつになるのかを報告する
(2) 納期遅れが発生したことを謝罪する
(3) 納期遅れの原因を報告する
(4) 納期短縮のために打てる対策を提案する

各ステップにおけるポイントを左に示しますが、こうした悪い報告ほど迅速に行わなければいけません。

ただし、「納期が遅れた」という報告だけでは営業担当としては失格です。「対策として、○○を行います」と、次のアクションも同時に示さなければなりません。

つまり、納期遅れへの対処についても、自分なりのストーリーを持って臨まなければならないのです。もし、ストーリーを自分でつくれない場合は、客先に報告する前に、上司に相談するべきでしょう。

◎生産の当事者に直接出向いて善後策を講じる

納期短縮のために打てる対策として、一般的に最も有効なのが、工場へ直接出向き、生産管理担当者に納期短縮を要請するということです。また、他社（仕入先・外注先）が原因で遅れている場合は、その遅れている当事者の工場へ直接出向くということです。

そして、その場で新たな工程表を作成してもらい、「なぜ納期遅れが発生したのか」「これからどのように手を打つのか」という内容の「見解書」を提出させます。さらに、この新たな工程表と見解書を客先に提出することで、納期遅れへの対応とします。

こうした動きをスピーディーに、営業担当が主導権を取って行えれば、仮に大幅な納期短縮ができなくても、ほとんどの場合、お客は納得するでしょう。

◆「見解書」の文例◆

平成○○年○月○○日

○○○○株式会社　御中

○○○○株式会社
○○支店　担当○○　○○

設備納期遅延の件

標記の件につきまして、貴社に多大なるご迷惑をおかけしておりますことを心よりお詫び申し上げるとともに、現在の状況および今後の対策・対応につきまして下記のとおりご報告申し上げます。

記

1．状況

○月○○日（木曜日）、納期遅延に関するメーカーへの厳重抗議と状況確認・打開のため、弊社担当者○○が○○工場へ行ってまいりました。

a）訪問者：
b）対応者：
c）状況：

2．納期遅延の原因・対策

a）原因：
b）対策：

3．今後について

添付工程表のとおり、納期遵守にて製作を進めてまいります。

この度の納期遅れに関しましては、重ねてお詫び申し上げます。また今回の件でご不信の念を抱かせたことにつきまして、も心よりお詫び申し上げます。
今後とも、○○製品をご愛顧賜りますよう、何卒よろしくお願い申し上げます。

以上

85 営業の進め方で「キャンセル」を防ぐ

◎営業の進め方に問題がないか見直してみる

営業担当として最も避けたいトラブルのひとつが、注文の「キャンセル」です。キャンセル発生要因には、①仕事が減ったなど、客先の都合によるもの、②受注後のフォローが悪く、客先が不安になった、③強引にクロージングして成約させた、といったことが挙げられます。

①が理由の場合には、契約に基づいてキャンセル処理を進める他ないでしょう。しかし、②や③が原因のキャンセルというのは、営業担当に大きな責任があります。キャンセルを防ぐためのポイントは、①注文書を必ずもらう、②ムリなクロージングを行わない、③受注後のフォローをしっかりと行う、ということです。

とくに大手企業がお客の場合、注文書が出ていないのに設計製作に着手してしまうことがよくあります。相手が大手企業の場合は稟議に時間がかかり、先行手配を受けざるを得ないことが多いのですが、こうした場合にも議事録を取るなど、必ず記録しておくことが必要です。

また、相手が中小企業の場合は、必ず社印の入った注文書をもらいます。なかには注文書を出したがらない会社もあるようですが、こうした先には販売をしないのが原則です。

◎受注のやり方や受注後のフォローにも注意

キャンセルになる商談というのは、受注のやり方がまずいケースがほとんどです。たとえば、相手が注文書にハンコをなかなかつかないというのは、要は悩んでいるわけです。とくに高額商品の場合は、注文書がもらえなければ受注計上をしてはいけません。

また、相手が悩んでいるのに、強引に言いくるめて注文書をもらうのもNGです。その場は空気にのまれてお客も注文書にハンコを押すでしょうが、後で冷静になって結局キャンセルになることが多いのです。

また、受注後も仕様の確認や工程表の提出、製作状況の報告や立会いの進め方の協議など、受注後のフォローを怠ってはいけません。受注後のフォローを怠ると、お客を不安にさせることになり、ひいてはキャンセルにつながりやすくなるのです。

◆キャンセルが発生する要因◆

①仕事が減ったなど、客先の都合によるもの

②受注後のフォローが悪く、客先が不安になった

③強引にクロージングして成約させた

キャンセルを防ぐためのポイント

①注文書を必ずもらう

…とくに工作機械のような高額商品の場合は、必ず注文書をもらう。相手が注文書を出したがらないようなケースはキャンセルになる可能性が高いので、基本的にその商売は降りたほうがよい。また、大手企業が相手で稟議に時間がかかる場合は、議事録など必ず一筆取るようにする

②無理なクロージングを行わない

…営業担当の中には、お客を威圧してクロージングに持ち込む人もいるが、無理なクロージングはキャンセルの原因になる。相手が心から納得していない注文は、もらうべきではない

③受注後のフォローをしっかり行う

…たとえば工作機械のように、受注してから仕様の詳細を詰めたりするケースもある。こうした納入に向けての打合せを怠ると、お客に不安感を与える。また、納期がかかる注文の場合は、その間にお客の受注量が減るなどすると、キャンセルになりやすくなる。小まめにフォローしてこうした兆候は早くキャッチして、上司に報告・連絡・相談することが大事

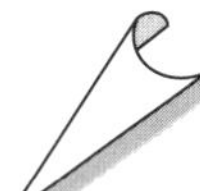

販売の重要プロセス「立会い」を利用しよう

◎「立会い」には2種類ある

「立会い」とは、仕様書どおりに製品ができているかを確認する作業のことで、工作機械のように高額な生産財、あるいは受注生産の生産財を納入する際に行います。立会いには、その製品を製造した工場で実施する「工場立会い」と、客先に納入してから実施する「納入立会い」の二つがあります。

工場立会いは、実施するケースとしないケースがあります。たとえば、工作機械でも数多くの実績がある標準仕様の場合は、工場立会いなしで納入することがほとんどです。

工場立会いを実施するのは、その工場でなければ直せないような修正箇所を見つけるのがポイントだからです。一品料理の専用機や、標準仕様であったとしても技術的難易度の高い設備の場合には、必ず工場立会いを行います。その設備の製造工場であれば簡単に直せることが、客先に納めてしまうと簡単に直すことができないからです。

◎お客との関係を深めるチャンス

工場立会いは、以下のステップで進めます。

(1) 設備が仕様書どおりにできているかの確認

(2) 修正箇所がある場合には、「誰が」「いつまでに」「どちらの費用負担で」行うかを協議し、議事録に取る

(3) 納入の打合せを行う

このステップで工場立会いが完了したら、客先に納入し、設備据付後、納入立会いを実施します。

納入立会いでは、その設備が工場立会いのときと同じ性能が復元できているかどうか、さらに、工場立会いの際に指摘された修正箇所が直っているかを確認します。これらのことをお客とともに確認し、ＯＫとなれば「検収」を上げてもらうことになります。つまり、お客が製品代金の支払いに同意するということです。

立会いは、生産財を販売する際のプロセスの中で、重要なステップです。また工場立会いは、自社工場にお客を呼ぶチャンスであり、お客と出張して人間関係をつくるチャンスの場です。大いに利用すべきでしょう。

◆受注から納入までの一般的なステップ◆

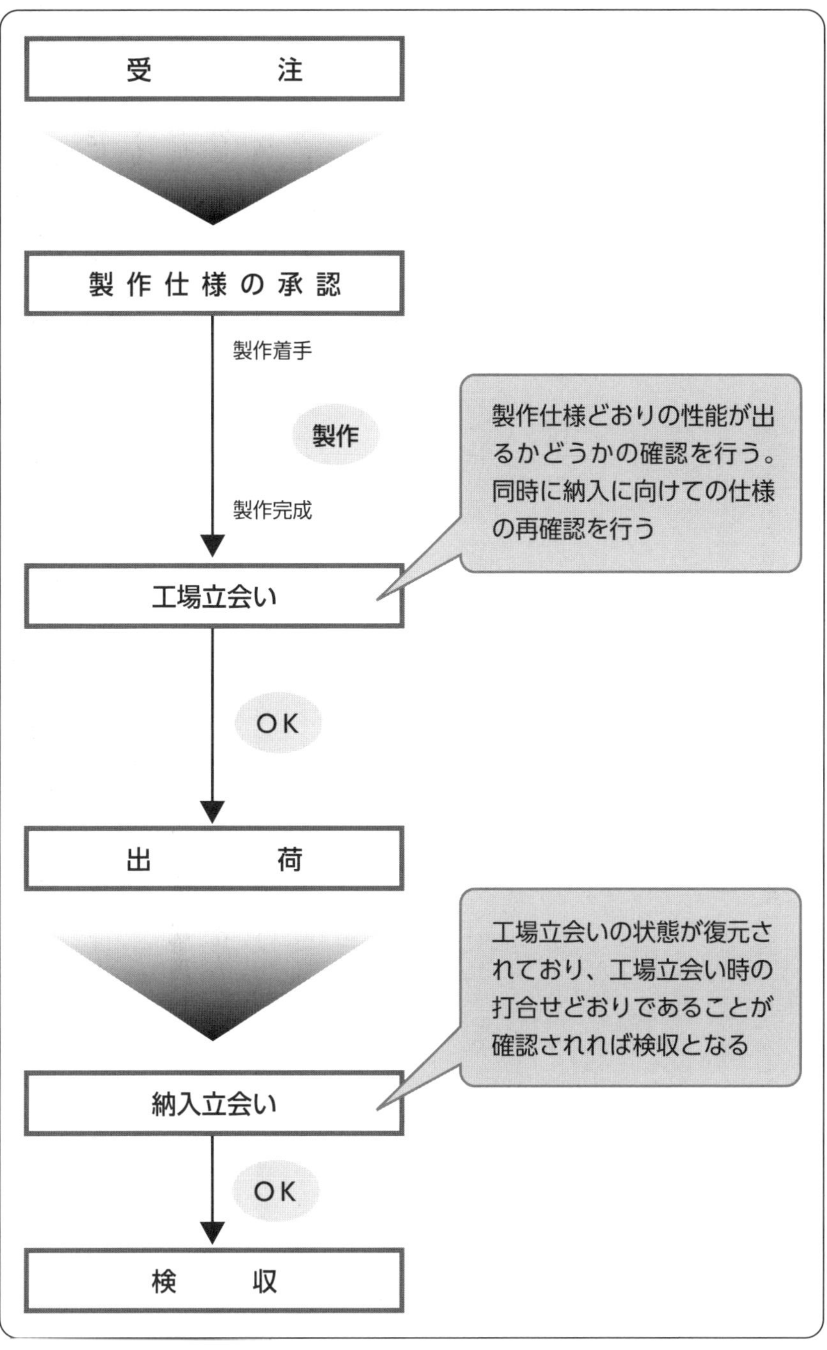

受　　注
製作仕様の承認
製作着手
製作
製作完成
工場立会い
製作仕様どおりの性能が出るかどうかの確認を行う。同時に納入に向けての仕様の再確認を行う
OK
出　　荷
納入立会い
工場立会いの状態が復元されており、工場立会い時の打合せどおりであることが確認されれば検収となる
OK
検　　収

87 トラブルになりやすい「納入」をスムーズに行うには

◎「納入」時にはトラブルが起こりやすい

　生産財でも、人手で持ち運べるようなものであれば、「納入」も簡単です。しかし、たとえば工作機械のように、重機を使用しなければ納入据付ができないような生産財の場合は、納入時にトラブルが起きやすくなります。納入時によく見られるトラブルを挙げると、以下のようなものがあります。

(1)　商品である設備が設置場所に入らない
(2)　クレーンなどの重機が周辺設備を損壊する
(3)　輸送中の不備で商品である設備が壊れる
(4)　商品である設備を落とす
(5)　車上渡しの契約なのにお客が準備していない

　とくに中小企業に設備を納める場合、工場の立地が悪いことも多く、しっかり下見をしておかないと、「設備が入らない」ということにもなりかねません。

　また前述のとおり、私自身が前職では工作機械の販売を手がけていましたが、目の前で機械が落ちたり、倒れたりしたのを何回も見ています。幸いなことに人身事故になったことはありませんが、重機を伴う設備の納入には危険が伴います。

◎事前の準備が危機管理になる

　万一、こうした事故の際にはどのように対応するか、自分の会社、あるいは上司にしっかりと確認をしておきます。そうした事前の準備が危機管理になるのです。

　こうした設備の輸送・納入は、設備の製造者とは違う業者（重量屋）が行うのがほとんどでしょう。営業担当は、こうした輸送・納入業者ともきちんとコミュニケーションを取り、とくに当該設備の輸送に不慣れな業者を使う際には、製造サイドの技術者ともしっかり打合せを実施しておく必要があります。たとえば、設備の吊り方ひとつで、機械の精度が狂うことがあるのです。

　また、契約条件が「車上渡し」の場合には、製品をトラックから降ろすのに、客先のフォークリフトやクレーンで行ってもらう必要があります。営業担当として、こうしたことの事前の根回し、フォローは当然のことと言えるでしょう。

◆納入のパターン◆

①車上渡し
…製品をトラック等で輸送するところまでがメーカーの範囲で、トラックから製品を降ろす作業はユーザーが実施する納入のパターン

②設置のみ
…製品をトラック等で輸送し、地面に降ろした後、使用場所に設置するだけの納入パターン。設置後の調整作業（レベル出しやアンカー固定等）はユーザーが実施する納入のパターン

③納入据付調整
…製品輸送・設置はもちろん、その後の調整作業もメーカーが実施する納入のパターン

※　この他にも、製品によっていくつかのパターンが考えられる

生産財納入時によく見られるトラブル

①商品である設備が設置場所に入らない
…たとえば、工作機械のように重量物でスペースを取るような商品の場合、下見が不十分だとこうしたことが発生する。既存の設備を移設する、建屋を壊すなどして、結果的には設置できるケースがほとんどだが、予想外の費用が発生することになる

②クレーンなどの重機が周辺設備を損壊する
…不可抗力で発生する事故もあるが、下見が不十分なケースや、経験が浅い業者（重量屋）であるケースが多いと言える

③輸送中の不備で商品である設備が壊れる
…基本は、輸送業者がいる目の前で商品の確認を行わなければならない。設置後、輸送業者が引き上げた後に気がついた場合は、すぐに写真を撮るなどして責任の所在を明確にする

④商品である設備を落とす
…納入立会いの際には、吊られた商品やクレーンなどの重機に近づかないのが鉄則

⑤車上渡しの契約なのにお客が準備していない
…単に見積書に「車上渡し」と書いておくだけでは、お客に意図が伝わっていないケースもある。車上渡しの場合には、荷物を降ろすための用意をしておくよう、明確にお客に伝える

88

「検収」を無事に上げるための留意点

◎トラブルの大半は検収条件のあいまいさが原因

生産財営業担当にとって、受注と同時に重要な仕事は、この「検収を無事に上げる」ということです。

「検収を上げる」とは、納入した設備がたしかに約束どおりの機能をはたしているのを、買い手が認める行為のことです。言い換えると、約束どおりのものができたから代金を支払いますよ、という意思表示のことです。

つまり、検収が上がらないということは、販売代金の回収ができないということです。事実、設備を納入したものの1年以上検収が上がらず、結局キャンセルになって設備を引き上げた、という例もあります。

現実的には、最終的に検収を上げてもらえることが大半だと思いますが、検収をめぐるトラブルの大半が、検収条件があいまいであることが原因なのです。検収条件があいまいな結果、検収が長引き、製造サイドに迷惑をかけてしまうということでは営業担当失格です。

◎売り急ぎも後々トラブルを生みやすい

検収条件を明確にするためには、きちんと検収条件が明記された議事録を取り、先方のサインをもらうこと、また、仕様書に検収条件を明記し、同様にサインをもらうことが必要です。さらに、こうした議事録・仕様書は、しっかりと製造サイドあるいはメーカーと共有します。

検収条件が問題になるような商品、とくにカスタマイズ要素の高い生産財を売る場合には、くれぐれも「売り急がない」ことです。売り急ぐと、検収条件があいまいになりがちです。また、ムリな検収条件を口約束で受けてしまうと、結果的に首がまわらなくなります。リスクのある生産財を売る際には、数字だけを追うのではなく、常に冷静な判断を忘れないことが重要です。

稀なケースですが、なかには難癖をつけてなかなか検収を上げてくれないお客もいます。その場合には、「設備も引き上げて損害賠償請求をする」くらいの腹づもりで交渉することも必要でしょう。それができるのは、こちらがするべきことをすべてしているからなのです。

これは極論ではありますが、そうしたスタンスも生産財営業には必要なのです。

◆「検収」とはこんなこと◆

●検収とは、納入した設備がたしかに約束どおりの機能をはたしている、ということを買い手が認めて代金の支払いに同意すること

●検収書にお客のサインをもらう、あるいは議事録に検収が上がった旨を明記して検収とすることが一般的な流れ

検収を無事に上げるポイント

①売り急がないこと

…あせって注文を取ると、検収条件があいまいになり、無理な検収条件を受けてしまいがち。生産財営業で長期的に成功するためには、売り急がないというのは大切な要素

②議事録・仕様書で検収条件を明確にしておく

…打合せを進めていくうちに、検収条件が少しずつ変わっていくことも実務的にはやむを得ない。そのため、打合せ時に時間がなくても議事録は必ず取り、その結果を製造サイドにフィードバックし、仕様書に反映させておく

③逃げないこと

…検収はお金がからむ問題なので、デリケートな交渉の連続になりがち。また、「言った、言わない」などの議論になることもあるし、言いたくないことを言わなければならないこともある。このように、検収がなかなか上がらないときには、受注活動よりも検収を上げることを優先して、腹を据えて処理していくこと。とにかく、その場から「逃げない」ということが何よりも大切

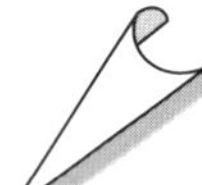

89 「納入後のフォロー」のポイントは

◎まず、売掛金の回収を確実に行う

当然ながら、営業担当の仕事は「売って終わり」ではありません。売って回収して、手形が現金化するまでが仕事です。検収が上がっても、実際に集金するのは締め日以降の支払日です。実際に集金、あるいは振込みが終わるまでは気が抜けません。

つまり、「納入後のフォロー」を行ううえで1番目のポイントは、売掛金の回収ということになります。

2番目のポイントは、その設備をお客がきちんと使いこなせているかどうか、ということです。生産財と言っても、簡単な作業工具から複雑な機械設備まで、非常に多岐にわたります。なかには、使いこなすまでに習熟を必要とする生産財も数多くあります。お客の視点で見れば、生産財は買って終わりではなく、買って使いこなして、その生産財を活用して利益を上げるのが目的です。

生産財を販売した営業担当として、お客がその設備を使いこなせているか、きちんとフォローしなければなりません。

◎商品が高額なほどフォローが重要

お客がきちんと使いこなせて、その生産財で利益を上げられていれば問題ないのですが、そうでない場合は、何らかの手を打たなければなりません。まず、お客の技術力が足りないのか、あるいは設備や使用環境の問題なのかを見極めます。お客の技術力が足りない、ということになれば、再度、指導研修しなければなりません。設備や使用環境の問題ということであれば、必要な修理なり改造なりを行い、手を打たなければなりません。

こうした対応の中で、費用が発生することも当然あります。その費用をどちらが負担すべきなのか、これも営業担当がジャッジしなければなりません。このとき、営業担当はお客、売り手（製造サイド）の両方の立場に立たなければなりません。両者が納得できる落とし所を判断できる、バランス感覚が必要なのです。

こうした納入後のフォローをきちんと行うと、お客は安心してその人から商品を買うことができます。商品が高額になればなるほど、納入後フォローは重要なのです。

◆納入後のフォローではここに気をつけよう◆

①売掛金の回収

…検収が上がっても、その後の対応がまずければ、商品代金の支払いをストップされることも珍しくない。操作指導はうまくできているか、約束した完成図書（取扱い説明書・仕様書）は必要部数届いているかなど、まずは約定どおりの動きができているか、きちんとフォローする

②お客が使いこなせているかの確認

…売掛金を回収できても、お客がその商品を使いあぐねている状態では問題がある。お客がきちんとその商品を使いこなせているか、もしそうでないなら何が原因なのか、再度操作指導を実施するなど、誠意をもって対策を打ってあげるべき

③次の商談につなげる

…商売の基本は、既存客を自分のファンにして、固定客化していくこと。自分のファンや固定客が多ければ多いほど、不況でも安定した数字がつくれる。お客がその商品を使って利益を上げられるフォローを誠意を持って行い、その結果が次の商談につながる

90 「クレーム」には前向きな対応を心がけよう

◎まず謝って、できるだけ早く現場に行くのが基本

生産財に限らず、営業には「クレーム」がつきものです。クレームには、こちら側に過失がある場合もあれば、逆にお客の側に問題がある場合もあります。いずれの場合も、その対応の基本は、「まず謝る」ということです。

「不用意に謝ると過失を認めることになる」という意見もあるでしょうが、少なくとも国内取引における基本は、「まず謝る」ことです。そして、できるだけ早く現場に駆けつけるということです。

また、クレームには、①商品に対するクレーム、②営業担当に対するクレーム、があります。

商品に対するクレームでは、お客の側に問題があるのか、こちら側（製造サイド）の問題なのかをジャッジしなければいけません。ただし、こちらが納めた設備のトラブルで、ライン全体が止まってしまっているような場合は、まずラインを復旧させるための対策を立てることを優先すべきです。

商品に対するクレームで、こちら側に過失がある場合は、①復旧のための費用負担をする、②見解書・改善報告書を出す、といった形で解決します。誤った使い方をしていたなど、お客の側に問題がある場合でも、あからさまにそれを言うのではなく、遠まわしに相手にそれを気づかせるように持っていかなければなりません。

◎逆にお客の信用を得ることもできるととらえる

営業担当に対するクレームには、たとえば「対応が遅い」「対応が悪い」などがあるでしょう。これは自らの気配りのなさが招いたことだと反省して、それを期に自らの行動パターンを変えなければなりません。

クレームの発生を防ぐためには気配りをし、先手を打ってクレームの芽をつぶしていかなければならないのです。つまり場数を踏み、起きるであろうクレームを予測し、あらかじめ対策を立てるということです。

いずれにしても、トラブルやクレームは、営業担当として腕の見せ所でもあります。そうした際の誠意ある対応で、逆にお客の信用を得ることもできるのです。そう考えて前向きに取り組んでいくことが必要なのです。

◆クレームはチャンスととらえよう◆

91　生産財営業における新人教育の実態

92　教えるべきは「商品知識」と「感性」

93　商品知識はこうして身につけさせる

94　ＯＪＴシステムを導入する

95　「ティーチング」と「コーチング」

96　新人を辞めさせないポイント

97　「営業会議」で新人教育を行う意味

98　成功する「月次営業会議」のステップ

99　新人育成に活かす「週次営業会議」のステップ

100　営業は教育性を追求する仕事だと認識しよう

10章

新人教育を成功へと導く工夫と進め方

——強い営業担当を育てるのは自分を育てること

91 生産財営業における新人教育の実態

新人営業担当の教育は、職場での実戦訓練のほかに有効な方法はありません。「会社は新人教育もしてくれない」と言うのではなく、先輩社員、あるいはマネージャーが主体的に教育を行っていかなければならないのです。本書を読んでいるあなたに部下や後輩がいるなら、彼らの教育はまさにあなたの仕事なのです。

しかし、生産財営業の場合には、教える側にも悩みがあります。つまり、「何から教えていいのかわからない」ということです。

まず商品知識に関して言えば、「技術」がわからなければお客から相手にされないでしょう。技術と言っても非常に幅が広く、しかも奥が深く、結局場数を踏まなければ身につけることができません。また、生産財というのは仕様や品揃えが非常に多岐にわたり、商品を全部覚えるというのは容易なことではありません。

本章ではこうした事情を踏まえて、どのような手法で新人教育を行っていけばよいのか、をわかりやすく解説していきたいと思います。

◎職場でほったらかしではダメ

生産財営業の悩みのひとつとして、新人教育の不十分さを挙げることができます。

生産財メーカー、あるいは商社の大半が中小企業です。中小企業の場合、新人の営業担当を訓練する教育システムは、ほとんど整っていません。大手企業の場合でも、形の上での研修制度は整っていても、それが実務とはリンクしていないことがほとんどです。

また、仮にどんな完成度の高い研修制度が整っていたとしても、職場でのＯＪＴ（オン・ザ・ジョブ・トレーニング）がなければ、新人は育ちません。つまり職場でほったらかし、ではダメということです。

よく、生産財の営業担当は一人前になるのに5年、あるいは10年はかかると言われています。これは職場でほったらかしにするため、そんなに長い時間がかかるのです。生産財営業における新人教育の実態は、まさに「ほったらかし」ということではないでしょうか。

◎何から教えていいのかわからないという悩み

◆生産財営業での新人教育は◆

- 業界によってバラつきはあるが、少なくとも１年間で自分の経費分はカバーできるレベル、そして３年間で戦力になるレベルを目指す
- 営業はきわめて教育性の高い仕事。後輩の教育は先輩の義務

92 教えるべきは「商品知識」と「感性」

◎「感性」とは、「場の空気を読む力」でもある

新人にまず教えなければならないことは、「商品知識」です。お客が営業担当に求めるものは、何よりも商品知識だからです。商品知識を身につけさせる方法については、次項で詳しく述べていきます。

さらにもうひとつ、身につけさせなければならないのが「感性」です。感性とは、言い換えると「場の空気を読む力」とも言うことができます。

本書をお読みの方は、日常の仕事で、生産財営業で一人前の領域に達した人というのは、特有のオーラのようなものを発していると感じているのではないでしょうか。これが、その人の感性と言っていいでしょう。

つまり、どれだけ高い感性を持っているかというのは、相手に伝わるということなのです。また感性は、「気配り」にも通じますから、営業にとってきわめて重要であることがご理解いただけるでしょう。

◎躾をしっかりすることで感性を身につけさせる

感性を身につけさせるには、躾をしっかりと行うことです。とくに「あいさつをする」「服装をきちんとする」など、基本的な小さなことを徹底して守らせるのです。また、「人の話を聞くときにはメモを取る」「言われたことは即実行する」「電話が鳴ったらワンコールで取る」といったことを徹底させることも大切です。

新人と営業同行するときには、お客の前でのマナーなどを徹底的に叩き込みます。最近は、学校や家庭で躾が徹底されていません。大企業でも同じです。ですから、職場内でこうした教育を行っていかなければならないのです。職場内はフレンドリーな空気でもよいのですが、締めるところは締めるということを徹底しないと、単なる仲よしクラブになり、業績も急降下することでしょう。

船井総研では、「学生脳」「ビジネス脳」という言い方をします。新卒の社員は、入社してきたときには学生脳です。これをビジネス脳に変えていくのが、先輩・上司の仕事なのです。これはひとえに、感性を身につけさせるということに他なりません。

◆新人営業担当にまず教えたいこと◆

①商品知識

…13項でも説明したように、お客が営業担当に求めるものは「商品知識」がトップで、次に「納期対応」「価格対応」。何かひとつでもいいので、お客にきちんと説明ができる商品知識が必要

②感性

…「感性」は、言い換えれば「気配り」にもつながること。営業の基本は人から好かれることであり、人から好かれるためには「気配り」が不可欠。こうした「気配り」につながる「感性」を養うには、社会人としての躾・マナーを徹底して指導すること

93 商品知識はこうして身につけさせる

◎「切り込み商品」に絞って教育するのがよい

商品知識を身につけさせるには、商品を何かひとつに絞り込んで教育を行わなければなりません。その商品は、お客の関心を引きやすい商品であったほうがよく、こうした商品のことを、「切り込み商品」と言います。

たとえば、冷蔵ショーケースをスーパーマーケットに販売しているあるメーカーは、「卓上焼き芋機」を切り込み商品に設定して、新規開拓を行っています。

冷蔵ショーケースをPRしても、「ウチは他メーカーで満足しているから要らないよ」と言われるのですが、卓上焼き芋機であれば興味を持ってくれます。これを野菜売場に置いて芋を加熱すると、焼き芋のよいにおいでお客の足を止め、売上アップにつながります。

こうしたユニークな商品であれば、お客も話を聞いてくれます。こうして、まずは切り込み商品でお客に切り込み、そして主力商品の引合いにつなげるのです。

商品知識は結局のところ、「自分で売るか、使うか」しないと身につきません。それも人から振られた話ではなく、自分で開拓した商談でないと身が入らないでしょう。切り込み商品は、スキルが低い新人営業担当でもお客と商談を行い、引合いをもらうために必要なのです。

このように、商品を何かひとつに絞り込み、その商品を受注するまでトレーニングを続けます。そうした過程でお客から引合いをもらえれば、自分自身で勉強するため、知識が自分の身になります。商談も何もないのに、カタログをいくら読んでも商品知識は身につきません。

◎商品のよいところを見つけさせる

さらには、モノを売るためには、その商品を好きになることです。商品を好きになるためには、その商品のよいところを探します。

どんな商品にも、よいところ・悪いところがあります。感性の低い人は、商品の悪いところばかりが目につきますから、その商品を売ることはできません。感性が高ければ、その商品のよいところを見つけることができます。

そうした意味でも、感性を大切にしなければならないのです。

◆新人への商品知識も「一点突破」で◆

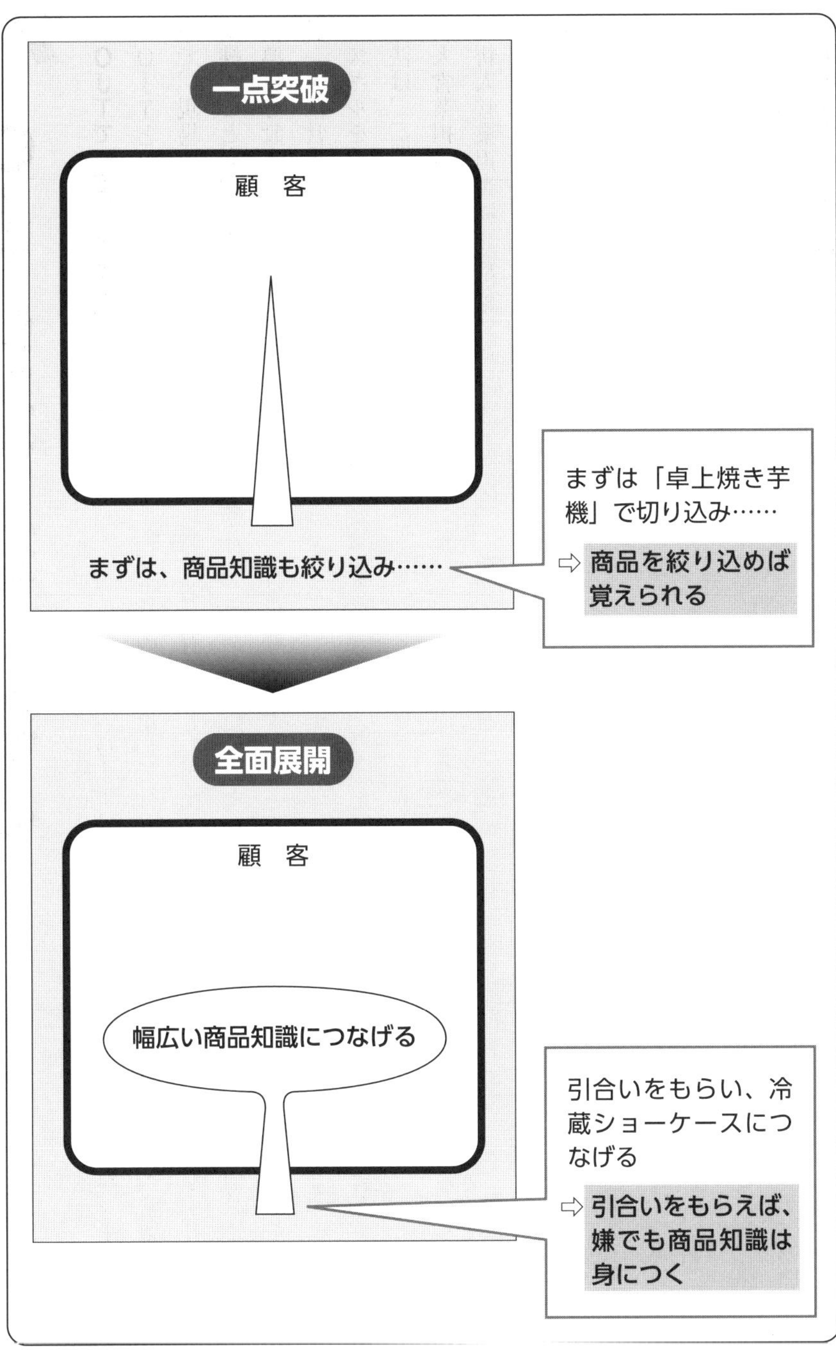
一点突破
顧　客
まずは、商品知識も絞り込み……
まずは「卓上焼き芋機」で切り込み……
⇨商品を絞り込めば覚えられる
全面展開
顧　客
幅広い商品知識につなげる
引合いをもらい、冷蔵ショーケースにつなげる
⇨引合いをもらえば、嫌でも商品知識は身につく

94 ＯＪＴシステムを導入する

◎ＯＪＴでは職場指導員の設定がカギ

ＯＪＴとは、「オン・ザ・ジョブ・トレーニング」の略で、現場で仕事に必要なスキルを身につけさせる教育訓練のことを指します。ＯＪＴ実施の前提条件は、職場指導員を設定することです。新人営業担当は、職場指導員（先輩営業担当）からマンツーマンで、営業やビジネススキルを教わることになりますが、最も効果的な教育方法は、「同行営業」でしょう。職場指導員は意識して、新人営業担当と同行営業をするべきです。

新人営業担当は、職場指導員のアシスタントを行いながら、営業のやり方やビジネススキルを学ぶのです。こうしたＯＪＴは、新卒の場合で半年から長くて1年、中途採用の場合で3ヵ月から半年というのが相場でしょう。

この職場指導員ですが、新人営業担当と年齢差が10歳以内であるのが理想です。年齢差が10歳以上になると、コミュニケーションを取るうえでギャップが生じやすくなり、双方に負担がかかります。

◎職場指導員との「対話」をしっかり行わせる

ＯＪＴは、左に示すような「ＯＪＴ指導シート」を活用して行うのがよいでしょう。毎月、新人営業担当に対してテーマを与え、それをどのくらいこなすことができたか、という観点で面談を実施します。面談では、どうすればそのテーマをこなすことができるかといったサポート、そして新たなテーマ設定を行います。

ＯＪＴシートはあくまでも、職場指導員と新人営業担当とが「対話」をしやすくするためのツールにすぎません。文書だけのやりとりではなく、最低でも1時間程度の対話をしっかりと行わなければならないのです。また、こうしたＯＪＴの進捗状況は、職場指導員の上司がさらにチェックを行います。

新人にとって、いろいろな人と営業同行することも勉強になるのですが、それよりもきちんと職場指導員を決めて、一貫した教育体制を取ったほうが早く育ちます。また、職場指導員の側も、指導を行うことで自らのノウハウを改めて棚卸することができ、スキルアップにつながるという効果もあります。

◆「OJT 指導シート」の例◆

OJT指導シート

OJT指導員		新入社員	
部署	氏名	部署	氏名

月	OJT指導員から新入社員へのテーマ（OJT指導員記入）	与えられたテーマの実施状況（新入社員記入）	OJT指導員からのアドバイス（OJT指導員記入）	社長からのコメント
4月	面談実施日： 月 日			
5月	面談実施日： 月 日			
6月	面談実施日： 月 日			
7月	面談実施日： 月 日			
8月	面談実施日： 月 日			
9月	面談実施日： 月 日			

半年間を通しての振り返りとアドバイス		
この半年間の感想・振り返り・来期への決意事項（新入社員記入）	OJT指導員からのアドバイス（OJT指導員記入）	社長からのコメント

95 「ティーチング」と「コーチング」

◎二つの方法をバランスよく使う

部下を指導するための方法として、「ティーチング」と「コーチング」の二つの方法があります。ティーチングとは、「こうしなければいけないだろう!」と、初めから答えを相手にぶつける指導方法です。それに対してコーチングとは、こちらから答えを示すのではなく、効果的な質問を行い、相手に答えを発見させる方法です。

たとえば、業績不振の営業担当に対して、「もっと客先をまわれ!」と怒鳴りつけるのはティーチングです。

コーチングの場合は、「なぜ、キミの業績は振るわないんだろうね?」と問いかけます。相手は、「日々の動きが、マンネリになっているからだと思います」と答えたとします。そこで、「じゃあ、どうする?」と問いかけ、「はい、従来訪問できていなかった有望ユーザーを改めて把握して、訪問回数を増やすようにします」という答えを導き出します。

◎自分の意思で取り組むことで成果を拡大できる

いずれにせよ答えは、「従来訪問できていない有望ユーザーの訪問回数を増やす」ことなのですが、人から言われて取り組むのと、自らの意思で取り組むのとでは、アウトプットに大きな差が出ます。

船井総研の原理原則のひとつに、「1:1・6:1・6の二乗の法則」というものがあります。これは、仕事のアウトプットについて、人から無理やり言われて行ったときを1とするならば、納得して行った場合はその1・6倍、さらに自主的に行った場合は1・6の2乗、つまり約2・56倍になる、というものです。

コーチングはまさに、この2・56倍の成果を狙った指導方法に他なりません。ただし、相手が「半人前以前」の場合には、コーチングを行うことはできません。なぜなら、自分自身の中に「答え」を持っていないからです。コーチングは、自分自身の中に答えを持っている人が対象となります。

実際には、ティーチングとコーチングのバランスが大切です。入社当初はティーチング中心でよいでしょうが、徐々にコーチングのウエイトを上げていくべきでしょう。

◆「ティーチング」と「コーチング」の違い◆

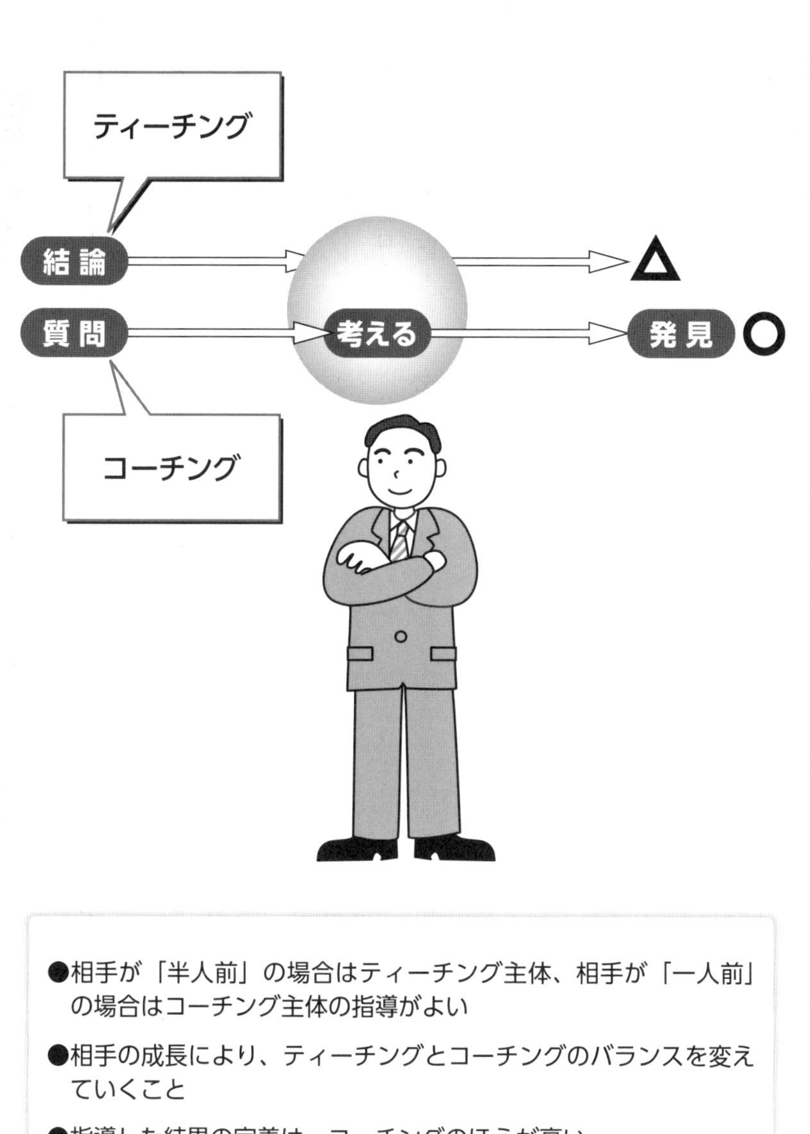

- ●相手が「半人前」の場合はティーチング主体、相手が「一人前」の場合はコーチング主体の指導がよい
- ●相手の成長により、ティーチングとコーチングのバランスを変えていくこと
- ●指導した結果の定着は、コーチングのほうが高い

96 新人を辞めさせないポイント

◎いかに、やる気を引き出せるか

どんな業界であるかにかかわらず、若手をいかに職場に定着させるかが、あらゆる職場で課題になっています。若手だけでなく、社員を職場に定着させるうえでポイントとなることはモチベーション、つまりやる気を引き出す、ということです。

人間のモチベーションに関して覚えておくべき心理学の原理原則が、「マズローの欲求五段階説」です。「マズローの欲求五段階説」によれば、左に示したように、人間の欲求には五つの段階があり、下のレベルの欲求段階が満たされないと、上のレベルの欲求段階には到達しません。

一般的に、やる気があるとされるレベルは、「自我欲求」の段階に至った人のことです。自我欲求とは、自発的に前向きに物事を進めたい、という欲求段階です。したがって、他人からの指示を待つまでもなく、前向きに仕事に取り組む、いわゆる〝やる気がある〟人材です。

◎褒める、あいさつする、躾るなども大事

自我欲求の段階に至るためには、「承認欲求」を満たさなければなりません。承認欲求とは、人から必要とされたい、人から認められたい、といった欲求段階のことです。この承認欲求を満たすための最も効果的な方法が「褒める」ということであり、その最も簡単な方法が「あいさつをする」ということです。

また「褒める」ことだけが承認欲求を満たすことではありません。「躾」も承認欲求を満たすための手段です。躾は、その人のためを思って行うものです。昔、ある非行少年が犯罪を犯して補導されたとき、取り調べに対して「一度でもいいから親から怒られたかった」と語ったそうです。

こうして考えてみると、新人にとって最も悪い環境というのは、「ほったらかし」という状態です。先輩社員、あるいは上司は、新人営業担当に対して何らかの形で「承認」を与え続けなければならないのです。

そのためには、ＯＪＴ制度を整えたり職場指導員を設置するなど、密なコミュニケーションが不可欠です。

◆マズローの欲求５段階説◆

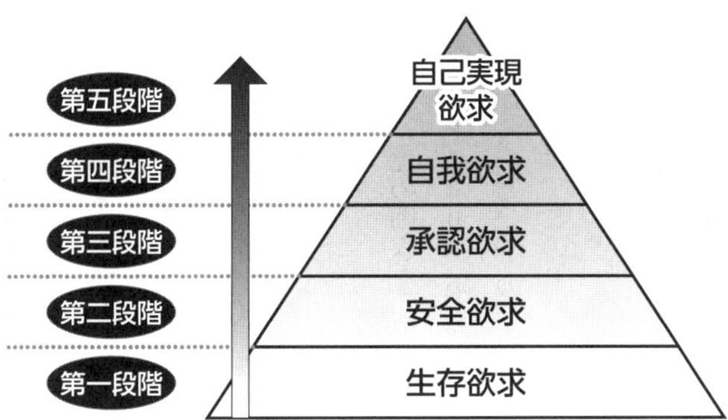

第一段階：生存欲求

…文字どおり、生存することを望む段階。会社組織にあてはめると、「近い将来、この会社は倒産してしまうのでは」と思われるような環境では、この欲求を満たすことはできない

第二段階：安全欲求

…身の安全を確保したい、最低限の生活をしたい、と望む段階。会社組織にあてはめると、「失敗したら会社をクビになるかもしれない」とビクビクしている状態では、この欲求を満たすことはできない

第三段階：承認欲求

…人から認められたい、と望む段階です。承認欲求を満たす最も効果的な方法が「褒める」ということで、逆に最もマイナスの方法が「無視」するということ。「自分は周囲から必要とされている」と感じられれば、この欲求を満たすことができる

第四段階：自我欲求

…承認欲求を満たされた人が到達する段階。何か物事を進めるのに対して、自分らしさを出したい、自主的に進めていきたい、と感じる欲求。一般的に、「やる気」がある人とは、この段階に到達した人のことを指す

第五段階：自己実現

…欲求の最終段階。周囲の評価を気にせず、自己実現を図りたいと思う段階

97 「営業会議」で新人教育を行う意味

◎「営業会議」は営業担当のスキルアップの場

「営業会議」は、新人教育のみならず、営業担当のスキルアップを図るうえでも、きわめて重要な場であると言えます。

あらゆる組織の生産性を上げるためには、①まず計画を立て、②実行し、③計画と結果の差異を知り、④差異が発生した原因を追究し、それを改善する、ということが必要です。

こうした一連の動きを、「PDCAサイクル」と言い、Pは計画（Plan）、Dは実行（Do）、Cは検証（Check）、Aは改善（Action）ということになります。組織は、このPDCAサイクルが回らないと生産性が上がりません。

つまり、業績を上げるためには、PDCAサイクルを回さなければなりません。そして、このPDCAサイクルを回す場が営業会議なのです。

◎新人には会議でPDCAサイクルを回してやる

この「PDCA」ですが、いわゆるトップセールスの人たちは、みんな自分自身で回しています。つまり、スキルの高い営業担当であれば、個人レベルで正しくPDCAを回せるのです。つまり、自分で自分の行動を検証して、改善することができるのです。

ところが、スキルの低い人は、自分でPDCAを回すことができません。なぜなら、計画を立てて実行し、検証するところまではできても、具体的な改善策がわからないからです。

ですから、チームで集まって営業会議を行い、全員でPDCAを回していくことが必要なのです。この、チーム全体のPDCAを回せる人がリーダーであり、マネージャーなのです。

こうしたPDCAを回すための会議は、7人以下で行うのが基本です。人数が多いと、会議の統制を取ることができなくなります。

また、PDCAを回す会議は、月に1度、半日程度かけて行う「月次営業会議」と、週に1度、1時間程度で行う「週次営業会議」の二つから構成されます。

◆ＰＤＣＡサイクルと営業活動◆

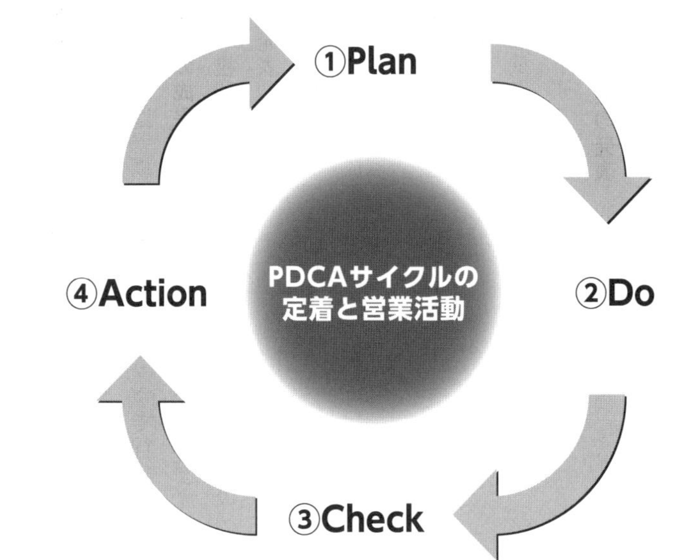

ＰＬＡＮ：まず計画を立て（訪問計画・受注計画・売上計画）

ＤＯ：実行し（営業活動）

ＣＨＥＣＫ：計画と結果の差異を知り（営業管理帳票で把握）

ＡＣＴＩＯＮ：差異が発生した原因を追究し、それを改善する（ミーティングで指導の実施）

- いわゆる“やり手”の営業担当は、自分自身の中で PDCA サイクルを回している
- しかし、スキルが低いと自分だけでは PDCA サイクルが回せない。“A(Action)”の部分、すなわち対策がわからないため
- そのため、会議の中で、全体で PDCA サイクルを回す必要がある

98 成功する「月次営業会議」のステップ

◎対策が打てる「先行管理」にすることが大事

「月次営業会議」は、基本的に月初めに実施します。全体の流れは、以下のようなステップで行います。

①先月の成果と反省・今月の対策の発表…まず、先月の売上と粗利、受注額とその内訳を発表し、目標への達成率を発表します。

もし目標が達成できているのならば、その成功要因を発表します。達成できていない場合は、その原因を発表します。

②今月の行動計画・活動テーマの発表…次に、今月の行動計画と活動テーマを発表します。活動テーマとは、たとえば重点的にPRする商品を規定する、重点的に攻略するユーザーを規定することなどが挙げられます。

③差額対策の発表…3番目に、差額対策を発表します。差額対策とは、営業会議のステップの中で最も大切なステップです。

これは、今月の目標予算に対して実際の受注予定（あるいは売上予定）はどれだけあるのか、さらに、目標予算に対して足りない数字、すなわち差額を埋めるためにどのような対策（差額対策）を行うのか、といった発表を行います。

④商談状況の発表…4番目に、商談状況の発表を行います。これは3番目の差額対策に並んで重要なステップです。その内容として、現在抱えている商談がどれだけあるのか、とくにA商談の進捗状況はどうなのか、いつごろ決定するのかという発表を行います。

ここで必要なことは、「商談の定義」を明確にするということです。A商談は今月中に受注見込みの商談のこと、B商談は来月中に受注見込みの商談、C商談は見積書提出レベルの商談とするのが一般的です。

⑤現在行っている仕掛けの発表…そして最後に、商談をつくるためにどのような動きをしているか、つまり仕掛けをしているかという発表を行います。

このように、営業会議というのは、結果だけを意識する「事後管理」ではなく、対策が打てる「先行管理」にしなければなりません。

◆「商談一覧表」の例◆

商談一覧表　　作成：平成　　年　　月　　日

部課名		担当	

【商談ランキング】
A…今月中に受注見込み
B…来月中に受注見込み
C…見積書提出レベル
D…引合い発生レベル

*訪問部署ごとに記入・ランク付けしてください。

No	商談発生日	客先名	部署	担当者（キーマン）	案件内容		商談ランク	金額				予定納期
					メーカー名	商品名・型式		見積り金額（千円）	仕入金額（千円）	粗利（千円）	粗利率	
1												
2												
3												
4												
5												
6												
7												
8												
9												
10												
11												
12												
13												
14												
15												
16												
17												
18												
19												
20												
21												
22												
23												
24												
25												
26												
27												
28												
29												
30												
31												
32												
33												
34												
35												
36												
37												
38												
39												
40												

99 新人育成に活かす「週次営業会議」のステップ

◎目的の第一は受注予定の進捗状況チェック

「週次営業会議」は、基本的に週の最後に行います。目的は、月次営業会議で立てた受注予定（売上予定）に対する進捗状況のチェックです。週次営業会議は、次のステップで行います。

①先週の成果と今週の行動予定…まず、先週の活動成果、たとえば「引合いが発生した」「有力商談が発生した」といったことを発表します。また、今週の行動予定を発表します。

②A商談のフォロー状況…次に、月次営業会議で上げたA商談のフォロー状況を発表します。同時に、新たに発生したA商談についても発表します。

③受注予定（売上予定）の進捗状況…3番目に、月次営業会議で立てた今月の受注予定（売上予定）の進捗状況を発表します。

◎より具体的なアドバイスを行う

こうした営業会議でのマネージャーやベテラン社員の仕事は、新人営業担当やスキルの低い営業担当に対して具体的なアドバイスを行うことです。

アドバイスを行う視点として、

(1) 現在の訪問パターン・行動スタイルでよいのか
(2) どうすれば引合いが取れ、商談がつくれるのか
(3) どうすればその商談を受注できるのか

といったことが挙げられます。

なお、こうしたアドバイスを行うためには、部下のお客の状況もある程度つかんでおく必要があります。

このように、営業会議はPDCAを回す場であり、単なる「報告の場」ではなく「スキルアップの場」、さらに単なる数字合わせの「事後管理の場」ではなく、未来に向かって対策が打てる「先行管理の場」でなければならないのです。

ベテラン営業担当ばかりであれば、ここまでステップを踏んだ営業会議を行う必要はないかもしれません。しかし、自分でPDCAを回せない新人営業担当のことを考えると、営業会議の存在は営業担当育成のうえで大きなウエイトを占めるのです。

◆週次営業会議で使用する「営業日報」の例◆

営業日報（　　年　　月度　　第　　週）

部課名:　　　　　　　　担当:

日付	訪問先	成果	受注金額	日付	次週の予定・目的
／ 月				／ 月	
／ 火				／ 火	
／ 水				／ 水	
／ 木				／ 木	
／ 金				／ 金	
／ 土				／ 土	

月初予定		粗利実績					当月累計実績	目標達成度
売上目標	粗利目標	第１週	第２週	第３週	第４週	第５週		
							0	

【予算達成の見通しと対策】

100 営業は教育性を追求する仕事だと認識しよう

◎部下や後輩の指導は自分のためでもある

私は、日々のコンサルティングのほかにも、営業管理職向けの研修も行っています。そうした研修で、「マネージャーとしての仕事、具体的には部下育成ができていますか」と問いかけると、ほとんどの方がＮｏと答えます。それができない理由として最も多いのは、「自分の数字をつくるのが精いっぱいで、部下育成にまで手が回らない」というものです。

ここで強調したいことは、「営業は教育性を追求する仕事」であるということです。営業担当は、常に人間性を高めていかなければなりません。自分の人間性を高めるためにも、部下や後輩を指導するのです。

また、仕事の質を上げていくには、インプットの量も大事ですが、それ以上にアウトプットの量を上げなければなりません。アウトプットとはすなわち、部下や後輩、新人営業担当を育成していくということに他なりません。

◎役職者はリスクを取るのが仕事

厳しいことを言うと下から嫌われるのでは、と部下や後輩からの評価を気にして、十分な指導が行えない人も多いようです。これは部下や後輩に甘いと同時に、リスクを取れないという意味で、それ以上に自分に甘いと言えます。どんなことでもそうですが、リスクを取らなければ物事はよくなりません。

リスクと言ってもここで言うリスクは、「下から嫌われるかもしれない」「自分もできていないかもしれない」といったレベルのリスクであり、十分に責任が取れる範囲でのリスクなのです。何らかの形で役職に就いている人は、リスクを取るのが仕事です。

たしかに日々の営業活動が忙しく、部下や後輩の指導どころではないのかもしれません。しかし、ほんの少しプライベートの時間を削れば、部下や後輩との同行営業や、指導のための時間をつくることができるはずです。

営業は教育性を追求していく仕事です。自分だけが売れればよい、というものではありません。ぜひ部下や後輩育成、新人営業担当の育成に力を振るっていただきたいと思います。

◆営業は教育性を追求する仕事◆

●アウトプット（新人営業担当への指導）を重ねることにより、自分自身のレベルも上がっていく

●１人で売れる金額には限界がある。売れる営業担当を育てられる人こそ、最も生産性が高い営業担当

●営業は教育性を追求する仕事。言い換えると、人間性を追求する仕事と言える

著者略歴

株式会社船井総合研究所

中堅・中小企業を対象に専門コンサルタントを擁する日本最大級の経営コンサルティング会社。業種・テーマ別に「月次支援」「経営研究会」を両輪で実施する独自の支援スタイルをとり、「成長実行支援」「人材開発支援」「企業価値向上支援」「DX（デジタルトランスフォーメーション）支援」を通じて、社会的価値の高いサステナグロースカンパニーを多く創造することをミッションとする。現場に密着し、経営者に寄り添った実践的コンサルティング活動は様々な業種・業界経営者から高い評価を得ている。
https://www.funaisoken.co.jp/

船井総合研究所　ものづくり経営研究会について

船井総合研究所が主宰する「ものづくり経営研究会」は、生産財メーカー、生産財商社、部品加工業、セットメーカーの経営者の皆様を対象とし、業績アップを目的に業界に特化した最新情報の提供と最新の成功事例を共有する、超実践的な経営勉強会です。

最新版　必ず売れる！　生産財営業の法則 100

2023 年 11 月 7 日　初版発行

著　者 —— 船井総合研究所　ものづくり経営研究会
発行者 —— 中島　豊彦

発行所 —— 同文舘出版株式会社

東京都千代田区神田神保町 1-41　〒 101-0051
電話　営業 03 (3294) 1801　編集 03 (3294) 1802
振替 00100-8-42935　https://www.dobunkan.co.jp

 ISBN978-4-495-57652-3

印刷／製本：三美印刷　Printed in Japan 2023